Zwei in eins:
Excel und Access 2018 für Anfänger

Zwei in eins:
Excel und Access 2018 für Anfänger
Ali Akbar

Kanzul Ilmi Press

2018

Erster Druck: 2018

ISBN: 9781726812429

Herausgeber: Zico Pratama Putra

Zu Ilmi PressWoodside Ave.London, UK

Buchhandlungen und Großhändler: Bitte kontaktieren Sie Kanzul Ilmi Presse E-Mail

zico.pratama@gmail.com.

zu Marken

Bestellinformationen: Sonderrabatte sind auf Quantitätskäufe von Unternehmen, Verbänden, Pädagogen und andere. Detaillierte Informationen erhalten Sie den Verlag unter der Adresse oben aufgeführt.

INHALT

EXCEL FÜR ANFÄNGER

Microsoft Excel und Access sind zwei primäre Software in MS-Office-Paket. Microsoft. Excel wird verwendet, Tabellenkalkulation zu tun und Access verwendet wird, eine relationale Datenbank-Datenoperation zu tun. Diese beiden Software kann verwendet werden, alle Ihre Büro Bedarf zu helfen.

Pic 1.1 Excel und Access, zwei wichtigsten Software in MS Office

1.1 Einführung in Excel

Microsoft Excel ist das wichtigste und bekannteste verwendete Tabelle App in Unternehmen und Niederlassungen auf der ganzen Welt. Excel kann für jede Art von Geschäft als Tabellenkalkulationsrechner verwendet werden. Dies ist eine universelle Tabelle App, die einfach zu erlernen ist.

Eine Excel-Anwendung, hat viele Funktionen, wie Berechnungen und Grafiken Kreationen. Da dieses Programm einfach gelernt werden soll, wird Excel die beliebtesten heute Tabelle App.

MS Excel verwendet auf vielen Plattformen, wie Windows oder Macintosh. Seit der Version 5.0 auf 1993 Excel bereits auf MACOC freigegeben.

Gerade jetzt, MS Excel ist ein integraler Bestandteil des Microsoft Office-Pakets.

1.1.1 Ausführen von Excel

Ausführen von Excel kann mit vielen Techniken durchgeführt werden. Wenn Sie Win 8 oder höher, klicken Sie auf Start> Alle Programme> Microsoft Office Excel dann klicken. Oder können Sie Fenster Ausführen verwenden, indem Sie Windows-+ R geben und „Excel" Befehl ausführen.

Pic 1.3 Typing „Excel" Befehl MS Excel laufen

Ein Begrüßungsbildschirm entstehen:

Pic 1.4 Splash Screen Excel 2018

1.1.2 Erstellen Arbeitsmappe

Die Arbeitsmappe ist eine Excel-Datei. Dies kann dazu verwendet werden, um alle Informationen zu speichern Sie benötigen. Um eine Tabellenkalkulation durchzuführen, müssen Sie zuerst eine Arbeitsmappe erstellen.

Hier sind Schritte, die Sie tun können, eine Arbeitsmappe zu erstellen:

1. Nach dem Excel-Fenster auf der Leere Arbeitsmappe angezeigt, klicken Sie auf:

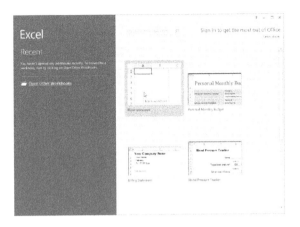

Pic 1.5 Klicken Sie auf die Leere Arbeitsmappe, eine Arbeitsmappe zu erstellen

2. Eine leere Arbeitsmappe eingerichtet werden, wird aber noch nicht gespeichert. Sie werden hier Tabellenkalkulation tun.

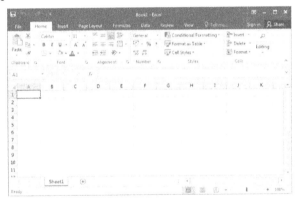

Pic 1.6 Excel 2018 Arbeitsmappe Schnittstelle

1.1.3 Einführung in die Schnittstellen des Excel

Um mit Excel zu arbeiten, müssen Sie zuerst wissen, die Funktionen der Tasten und andere Schnittstellen von Excel.

1.1.3.1 Quick Access Toolbar

Quick Access Toolbar ist eine Symbolleiste auf dem linken oberen Ihrem Excel-App. Sie können Befehle schnell diese Symbolleiste zugreifen, da Sie müssen keine Band Tabs öffnen. Auf seinem ursprünglichen Zustand, nur Schnellstartleiste hat drei Tasten, Speicher, Rückgängig machen und Wiederholen.

Pic 1.7 Schnellzugriffsleiste

Sie können aber auch andere Schaltflächen oder Befehle hinzufügen Ihren Zugriff auf diese Tasten schneller zu machen. Hier sind Schritte, die Sie tun können, Tasten, um einen schnellen Zugriff Symbolleiste hinzuzufügen:

1. Klicken Sie auf das Pfeilsymbol auf der rechten Seite der Schnellzugriffsleiste.

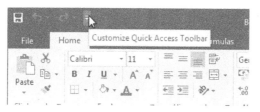

Pic 1.8 Menü anpassen Quick Access Toolbar

2. Wählen Sie die Befehlsschaltfläche Sie hinzufügen möchten. Um weitere Befehle auszuwählen, klicken Sie**Weitere Befehle**.

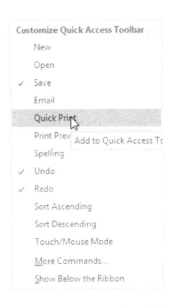

Pic 1.9 Menü-Taste, um neue Schnellzugriffsleiste einfügen

3. Ob es ist bereits eingetragen und hat ein kariertes Zeichen, wird der Befehl-Taste, um einen schnellen Zugriff Symbolleiste hinzufügen.

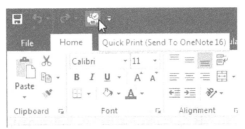

Pic 1.10 neue Schaltfläche bereits hinzugefügt Quick Access Toolbar

1.1.3.2 Namensfeld

Feld Name wird die ausgewählte Zelle der Namen anzuzeigen. Wenn Sie einen Bereich (mehr als eine Zelle) wählen, wird dieser Bereich Identität zeigen. Zum Beispiel wird, wenn die

Zelle B4 ausgewählt wird, Boxname „B4" anzuzeigen, die ich zeigen, die ausgewählte Spalte 4 B und die ausgewählte Zeile ist.

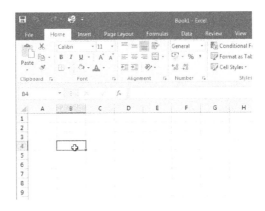

Pic 1.11 Wenn Namensfeld-Anzeige „B4".

1.1.3.3 Formula Bar

Sie können Daten einfügen oder bearbeiten Datenleiste verwenden. Wenn zum Beispiel Zelle B2 „2018" eingegeben, werden Sie Leisten wie diese finden.

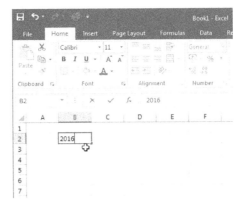

Pic 1.12 Formel bar, wenn ein Benutzer Inhalte Zelle B2 eintritt.

1.1.3.4 Ribbons

Bänder enthalten alle Befehle notwendigen Berechnungen auszuführen, Formatierung, usw. Sie haben viele Bänder für jede

Funktion gewidmet, wie Home, Insert, Seitenlayout, etc. Nur die Registerkarte des Bandes klicken, wird es die Schaltflächen innerhalb der Band angezeigt werden .

Pic 1.13 Band in Excel

1.1.3.5 Säule

Die Säule ist der vertikale Teil der Zelle. In Excel, Spalte durch Alphabete, wie A, B, C und so weiter identifiziert.

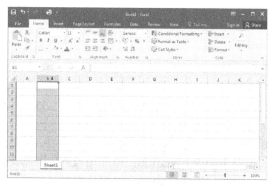

Pic 1.14 Spalte B ausgewählt

1.1.3.6 Reihe

Die Zeile wird der horizontale Teil. Sie können eine Zeile auf der linken Seite wählen. In Excel, Reihe durch eine Nummer

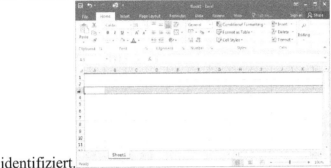

identifiziert.

Pic 1.15 Row in Excel

1.1.3.7 Arbeitsblatt

Wenn Excel-Datei eine Arbeitsmappe ist, dann wird ein Blatt in Excel-Tabelle wird Arbeitsblatt aufgerufen. Eine Arbeitsmappe kann mehr als ein Arbeitsblatt. Wenn eine Arbeitsmappe erstellt, wird es auf Arbeitsblatt standardmäßig erstellt werden. In der älteren Version von Excel, gab es drei Blätter zur Verfügung.

Sie können umbenennen, hinzufügen und Arbeitsblätter löschen.

1.1.4.8 Horizontale Bildlaufleiste

Horizontale Scrollbar scrollen Arbeitsblatt Position auf Excel verwendet. Sie können die Bildlaufleiste verschieben oder den Pfeil nach rechts oder links Pfeiltaste klicken.

Pic 1.16 Scrollbar

1.1.4.9 Zoom-Steuerung

Die Größe der Tabellenkalkulationsanzeige kann in gezoomt oder gezoomt wird. Mit dieser Schaltfläche können Sie dies tun. Einfach anklicken und ziehen Zoom-Regler, um das Bild größer oder kleiner zu machen. Der Zoom-Wert kann auf der rechten Seite zu sehen. Standard ist 100%. Wenn mehr als 100% bedeutet, größer, wenn weniger als 100% bedeutet, niedriger.

Pic 1,17 Zoomsteuerung den Zoom zu steuern

1.1.4 Arbeitsmappe öffnen

Um eine Arbeitsmappe zu öffnen, können Sie die Schritte durchführen unter:

1. Klicken Sie auf der Registerkarte Datei.

2. Klicken Sie auf Öffnen. Sie das folgende Fenster:

Pic 1.18 Datei> Öffnen Top-Menü öffnen Excel-Datei

3. Wählen Sie die Datei, die Sie öffnen möchten:

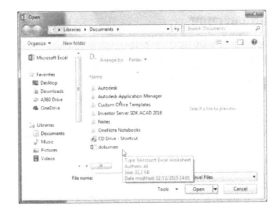

Pic 1,19 Wählen Sie die Datei zu öffnen

4. Sie können auch an einer anderen Stelle offen, wie Microsoft Onedrive oder im Netzwerk.

5. Drücke den **Öffnen** Taste, und die Datei wird geöffnet.

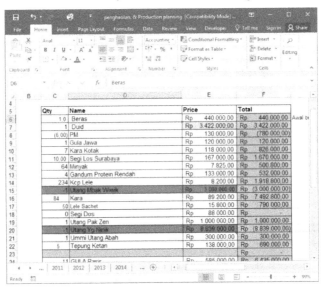

Pic 1.20 Arbeitsmappe geöffnet

1.1.5 Speichern von Arbeitsmappe

Wenn die Arbeitsmappe bereits erstellt haben, können Sie den Inhalt der Arbeitsmappe ändern und dann wieder speichern Sie die Arbeitsmappe. Einsparung bedeutet die Änderung, die Sie dauerhaft geschaffen werden umgesetzt.

Um zu speichern, klicken Sie einfach Abkürzung S STRG + auf der Tastatur. Oder klicken Sie auf die Diskette Taste auf Schnellzugriffsleiste.

Pic 1.21 Diskettensymbol auf Schnellzugriffsleiste die Arbeitsmappe speichern

Sie können auch aus der Datei Band klicken. Klicken Sie auf die Datei> Speichern. Dies wird Speichern unter Fenster öffnen, wenn Sie die Datei nicht zuvor gespeichert haben. Sie können es in Microsoft Onedrive, lokalen PC oder einen anderen Ort im Netzwerk speichern, indem Sie einen Ort hinzufügen klicken.

Pic 1.22 Klicken Sie auf Speichern in diesem PC zu speichern

1.2 Zellen-Operationen

Eine Zelle ist ein Schnittpunkt zwischen einer Reihe und einer Spalte. Sie können sich auf eine Zelle, die einen Wert setzen. Sie können auch Funktionen erstellen, und hier einige Daten Berechnung tun.

1.2.1 Ändern Spalte, Zeile und Zelle

Eine Säule hat eine einheitliche Breite, aber Sie können Spaltenbreite vergrößern oder einengen. Um die Spaltenbreite zu ändern, können Sie die Schritte tun unter:

1. Setzen Sie den Mauszeiger zwischen Spalte. Der Zeiger wird das entsprechende Symbol ändern wie folgt:

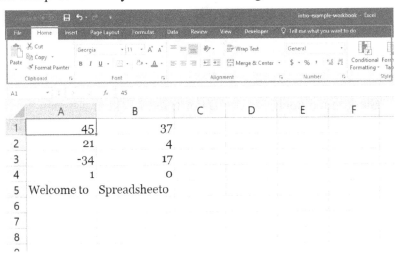

Pic 1,23 Put-Zeiger unten

2. Schieben Sie rechts auf die Spaltenbreite zu erhöhen. Die Pixelgröße der Breite des Spalts entstehen, können Sie es verschieben wollen die Größe, die Sie entsprechen.

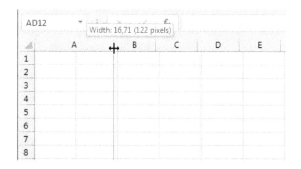

Pic1.24 Klicken und Ziehen der Spaltenbreite zu ändern

3. Wenn Sie den Drag Klick loslassen, wird die neue Breite der Spalte umgesetzt werden.

Pic 1,25 Spaltenbreite nach geändert

4. Wenn Sie die Spaltenbreite genau unter Verwendung des Pixels Anzahl Größe ändern möchten, dann die Kopfzeile der rechten Maustaste die Spalte klicken und wählen **Spaltenbreite** Speisekarte.

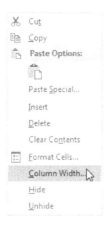

Pic 1,26 Spaltenbreite Wählen Sie im Menü

5. Geben Sie die Spaltenbreite in Pixel. OK klicken.

Pic 1.27 Eingabe der Pixelwert in Spaltenbreite

6. Die Säule wird seine Breite ändern entsprechend den Pixelwert
   eingesetzt.

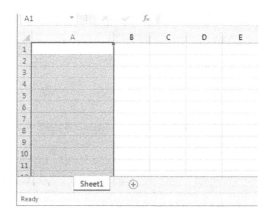

Pic 1,28 Spaltenbreite nach der durch Addieren der Pixelwert geändert

Für Zeilen ist das Verfahren ähnlich. Sie können es Schritten tun unter:

1. Setzen Sie den Zeiger an der Grenze zwischen den Reihen. Der Zeiger wird das entsprechende Symbol wie dieses Bild unten ändern:

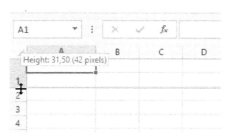

Pic 1.29 Pointer auf das Symbol geändert

2. Klicken und unten ziehen Sie die Zeile Größe zu erhöhen.

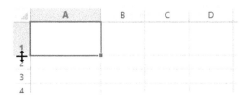

Pic 1.30 Sliding des Symbols des Zeigers die Zeile, um die Größe

3. Wenn Sie die neue Pixelgröße der Zeile eingeben möchten, gerade Zeile Header auf der linken Seite klicken, dann auf **Zeilenhöhe** Speisekarte.

Pi c1.31 rechte Maustaste und Zeilenhöhe Menü wählen

4. Setzen Sie die neue Zeilenhöhe Wert in der Pixel, und klicken Sie auf OK.

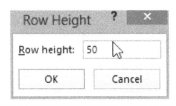

5. Die Größe der Zeile wird aktualisiert.

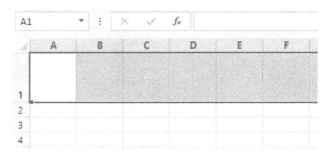

Pic 1.33 Row Höhe aktualisiert

1.2.2 Formatieren von Zell

Der Inhalt einer Zelle kann mit diesen Techniken formatiert werden:

1. Zum Beispiel hat die Zelle B4 eine reguläre Nummer wie das Bild unten; wir werden es formatiert werden.

Pic 1,34 Zelle B3, die formatiert werden

2. Rechtsklick auf die Zelle und Zellen formatieren Menü auswählen.

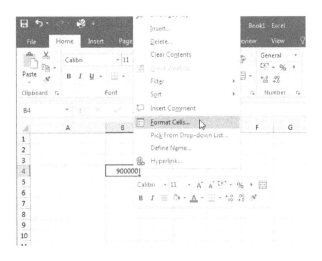

Pic 1.35 Klicken Sie auf Zellen formatieren Menü

3. Da der Datentyp des Inhalts der Zelle eine Zahl ist, wird eine Registerkarte Zahl erscheinen. Auf Nummer Registerkarte können Sie die Nummer des Typs wählen, ob es sich um eine allgemeine Zahl sein wird, Währung usw.

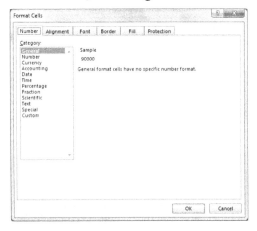

Pic 1.36 Registerkarte ZAHLEN

4. Um eine Währung zu erstellen, klicken Sie auf Währung auf Feld Kategorie. Dann wählen Sie ein Symbol für dieWährung, und wählen Sie die Dezimalstellen Menge benötigt.

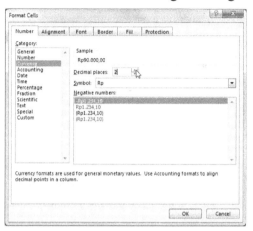

Pic 1.37 Konfigurieren der Formatierung Währung

5. Auf der Registerkarte Ausrichtung, können Sie den Text der Ausrichtung auf die Zelle aufgebaut. Sie können auch den Grad der Ausrichtung des Textes ändern, indem die Richtung des Textes auf Orientierungsfeld ändern oder durch den Grad Wert auf numerische Eingabe up-Down-Box**Grad**.

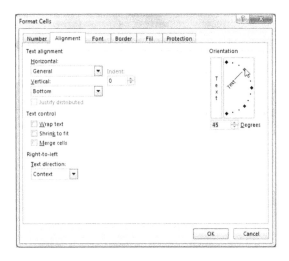

Pic 1,38 Konfigurieren der Textausrichtung

6. Klicken Sie auf die Registerkarte Schrift den Namen der Schriftart, Schriftstil einzurichten, und die Schriftgröße des Textes auf der Zelle.

Pic 1.39 Ändern der Schrifteigenschaften

7. Auf der Registerkarte Rahmen, können Sie erstellen und Kantentyp und Stile definieren. Sie können Zeilentyp der Kante wählen und die ein Teil der Zellen begrenzt sind.

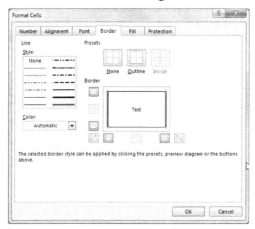

Pic 1.40 Ändern Grenze

8. Auf der **Füllen**Registerkarte können Sie die Hintergrundfarbe der Zelle ändern. Ändern Sie den Wert auf Fill> Hintergrundfarbe. Sie können auch ein Muster, indem Sie das Muster Farbe und Muster Stil Kombinationsfeld implementieren.

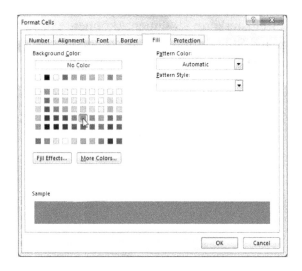

Pic 1.41 ändern, geben Sie bitte Eigenschaften

9. Klicken **OK**die Zelle, und der Text innerhalb werden entsprechend dem gewählten Format modifiziert werden.

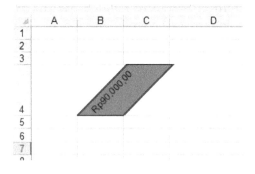

Pic 1,42 Zellen- und Text bereits geändert

1.3 Arbeitsblatt-Grundlagen

Ein Arbeitsblatt ist ein Ort, an der Datenberechnung durchgeführt wird. Es gibt einige grundlegende Tabellenkalkulations Operationen, die Sie verstehen müssen.

1.3.1 In Arbeitsblatt

Das neue Arbeitsblatt können Schritte hinzugefügt werden, indem unter:

1. Schauen Sie sich das Pluszeichen unter dem Excel-Fenster direkt auf den Namen des Arbeitsblatt. Klicken Sie auf dieses Pluszeichen.

Pic 1.43 Klicken Sie auf Plus-Schaltfläche ein neues Arbeitsblatt hinzufügen

2. Ein neues Blatt wird mit dem Standardnamen Sheet (Vor + 1) entstehen.

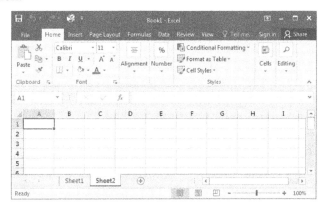

Pic 1,44 Neues Blatt entstehen

27

3. Sie können auch mit der rechten Klick-Methode verwenden, um ein neues Blatt der rechten Maustaste auf das Blatt der Registerkarte zu erstellen und klicken Sie auf **Einfügen**.

Pic 1.45 Ein Klick auf das Menü Einfügen ein neues Arbeitsblatt hinzufügen

4. Ein Insert-Fenster auftauchen, wählen Sie die neue Art von Blatt, das Sie hinzufügen möchten.

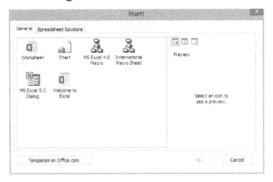

Pic 1,46 Wählen Sie die neue Art von Bogen

5. Sie können auch neue Blatt aus vorhandenen Vorlagen klicken Sie einfach auf die Tabellenkalkulations-Lösungen und klicken Sie auf OK erstellen. Viele Vorlagen zur Verfügung, wie zum Beispiel Verkaufsbericht, Abrechnung usw. Sie können die Vorschau im Vorschaufeld.

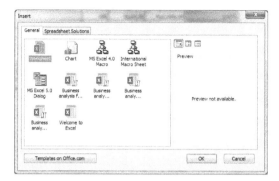

Pic 1.47 Vorlage einfügen

6. Wenn Sie ein neues Blatt aus einer Vorlage erstellen, wird das neu erstellte Blatt einige Daten innerhalb hat. Sie können diese Daten bearbeiten oder löschen, wenn Sie es brauchen.

Pic 1,48 Neues Blatt mit der Vorlage erstellt werden darin haben Daten

1.3.2 löschen Arbeitsblatt

Das Arbeitsblatt kann aus der Arbeitsmappe gelöscht werden. Hier ist, wie vorhandenes Arbeitsblatt zu löschen:

1. Rechtsklicken Sie auf die Registerkarte des Blattes Sie löschen möchten.

2. Klicke auf **Löschen** Menü, um es zu löschen.

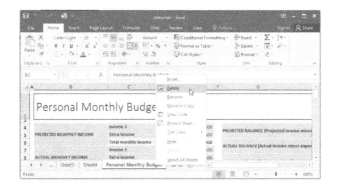

Pic 1.49 Klicken Sie auf Löschen-Menü ein Blatt löschen

3. Das Blatt, das entfernt wird, nicht mehr zugänglich sein.

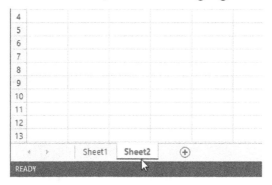

Pic 1.50 Registerkarte Blätter nach dem Löschen

1.3.3 Ändern Sie die Blätter bestellen

Blätter in der Arbeitsmappe eingefügt wird, um nach der Zeit haben sie eingeführt wird. Aber man kann die Bestellung des Blattes ändern per Drag and Drop.

1. Zum Beispiel die Anfangsbedingung wie diese, wollen wir die Sheet1 Position nach Sheet2 ändern.

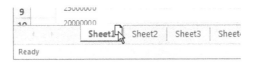

Pic 1.51 Anfangsblätter bestellen

2. Klicken Sie auf Sheet1 ziehen Sie dann direkt nach der Sheet2 Position.

Pic 1,52 Drag Tabelle1 zu Blatt 2-Position

3. Lassen Sie die Drag klicken, wird gleiten die sheet1 Position rechts von Sheet2 Position.

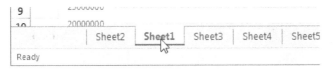

Pic 1,53 Sheet1 Position

1.3.4 umbenennen Blatt

Blatt haben Standardnamen wie sheet2 eingefügt, Sheet3, etc. Sie können den Namen des Blattes ändern das Blatt besser lesbar zu machen.

1. Um den Namen des Blattes zu ändern, doppelklicken Sie auf den Namen Blätter. Der Name des Blattes wird wie folgt gewählt werden:

Pic 1.54 Doppelklicken Sie auf Blatt Name

2.   Geben Sie den neuen Namen ein.

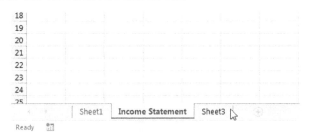

Pic 1.55 Geben Sie den neuen Namen

3. Klicken Sie auf Ihrer Tastatur eingeben, wird der neue Name eingefügt

Pic 1.56 Neuer Name wird eingefügt

4. Sie können von Rechtsklick-Menü umbenennen, nur der rechten Maustaste auf den Namen des Blattes und klicken Sie auf **Umbenennen** Speisekarte.

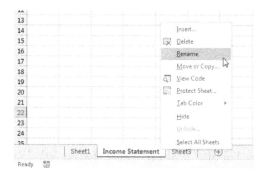

Pic 1.57 Klicken Sie auf Umbenennen Menü

5. Geben Sie den neuen Namen ein. Der neue Name wird umgesetzt.

Pic 1.58 Typ neue Namen

1.3.5 Seitenlayout

Sie kann nicht nur als Werkzeug verwendet wird Tabellenkalkulations calc zu tun, aber Excel kann das Ergebnis auch auf bedrucktem Papier liefern. Bevor Sie drucken können, müssen Sie auf dem Band die Registerkarte Seitenlayout öffnen, die viele Funktionen von Seitenlayout aufnimmt.

Pic 1.59 Registerkarte Seitenlayout

Klicken Sie auf Themen und wählen Sie ein Thema, das Sie für Ihre ganze Tabelle wollen. Das Thema, das Sie automatisch wählen, wird die Text, Farbe ändern, und die Schriftart in Ihrem Arbeitsblatt.

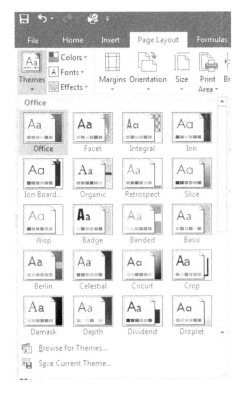

Pic 1.60 Themenliste

Klicken Sie auf Margins> Benutzerdefinierte Seitenränder
Ihre Marge zu konfigurieren. Der Rand ist ein Leerzeichen
zwischen dem Ende des Druckbereiches zu dem Ende des Papiers.
Wenn der Rand Sie sich nicht auf der Liste ist, können Sie Ihre
benutzerdefinierte Margin erstellen.

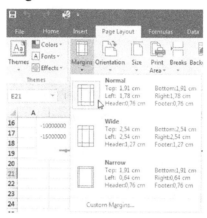

Pic 1.61 Menü auf Benutzerdefinierte Seitenränder zugreifen

Dann definieren Sie die oben, rechts, unten und linken Rand.
Sie können auch Spielraum für Kopf- oder Fußzeile gesetzt.

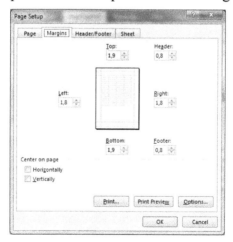

Papierausrichtung kann zwischen Hoch- (vertikal) oder Querformat (horizontal) ausgewählt werden.

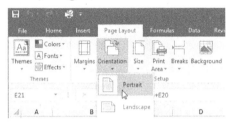

Pic 1,63 Ändern Papierausrichtung

Um das Papierformat zu ändern, klicken Sie auf Größe und den Papiertyp auswählen.

Pic 1.64 Auswahl des Papierformats

Druckbereich Abschnitt verwendet, um Druckbereich aus dem Arbeitsblatt festgelegt. Nicht alle Arbeitsblatt gedruckt werden. Sie können einen bestimmten Teil des Bereichs gesetzt bedruckbar zu sein.

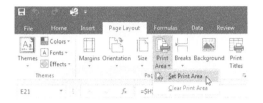

Pic 1.65 auf Druckbereich festlegen

Hintergrund einfügen Hintergrund in das Arbeitsblatt verwendet.

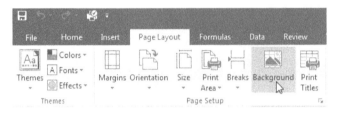

Pic 1.66 Klicken Sie auf die Registerkarte Hintergrund

Sie können Bildquelle, aus der lokalen Datei oder Bing Bildersuche wählen. Bing ist im Besitz von Microsoft, so MS Office Bing unterstützen, anstatt Google Image Search.

Pic 1.67 Locate Bildquelle für Arbeitsblatt Hintergrund

Geben Sie das Stichwort für Ihr Hintergrundbild Suche nach, dass das Ergebnis in Sekunden zur Verfügung stehen wird.

Bilder Pic 1,68 für das Hintergrundbild auf Bing Bildersuche

Wenn Sie keine Internetverbindung haben, können Sie lokale Bilder wählen.

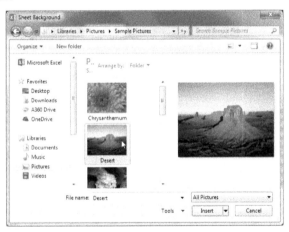

Pic 1.69 Finde Bild von dem lokalen Computer

Nachdem das Hintergrundbild den Hintergrund eingefügt sind von Ihrem Arbeitsblatt wird mehr nicht glatt sein.

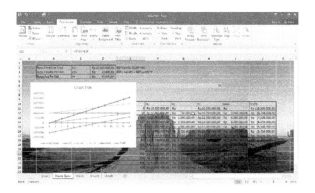

Pic 1.70 Arbeitsblatt eingefügt Zustand nach Hintergrundbild

Wenn Sie den Hintergrund löschen möchten, klicken Sie einfach auf das Seitenlayout> Hintergrund löschen.

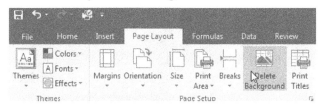

Pic 1,71 Klicken auf Löschen Schaltfläche Hintergrund den Hintergrund löschen

Wenn Sie die Seite einrichten anpassen möchten, klicken Sie auf den Pfeil auf der rechten unteren Seite des Seite einrichten Feld in Seitenlayout-Band.

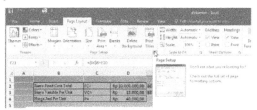

Pic 1.72 Knopf Benutzerdefinierte Seite einrichten anzuzeigen

A Page Setup-Fenster erscheint:

Pic 1.73 Seite einrichten Fenster

In der Kopfzeile / Fußzeile Registerkarte können Sie die Kopf- und Fußzeile für jede Seite in dem bedruckten Papier einlegen. Der Header ist ein Platz auf dem oberen Rand der Seite, während Fußzeile ein Bereich auf dem unteren Rand der Seite ist.

Pic 1.74 Registerkarte Kopf- / Fußzeile

1.3.6 Drucken Arbeitsblatt

Drucke in Excel ist nicht so einfach wie in MS Word. Sie haben den Druckbereich definieren zuerst. Es ist anders mit MS Word, wo eine Seite in MS Word in einem Papier erscheinen wird, wenn direkt gedruckt.

Führen Sie die Schritte unten, um ein Arbeitsblatt in MS Excel drucken:

1. Wählen Sie Bereiche (mehr als eine Zelle) Sie drucken möchten.

2. Klicken Sie auf Seitenlayout Tab. Klicken Sie auf Druckbereich> Druckbereich festlegen.

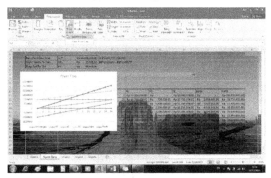

Pic 1.75 Klicken Sie auf Druckbereich festlegen Schaltfläche

3. Seite einrichten> Sheet-Fenster erscheint. Sie können den Druckbereich in Textfeld ausgewählt sehen**Druckbereich**.

Pic 1,76 Druckbereich Fenster

4. Klicken **Datei> Drucken**.

Pic 1.77 Klicken Sie auf Datei> Drucken-Menü

5. Sie können die Druckvorschau auf der rechten Seite sehen. Sie können auch die Druckereigenschaften (optional) in den Druckeigenschaften konfigurieren.

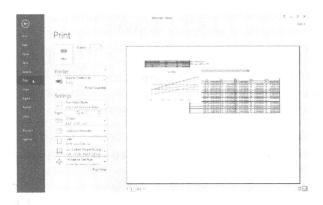

Pic 1.78 Druckvorschau

6. Wenn alles in Ordnung ist, dann Symbol Drucken Sie auf den Druck Arbeit zu tun.

1.4 Excel-Formeln

Der Kern der Tabellenkalkulations-Software ist Formeln. Dies macht Excel ist sehr intelligent und kann verwendet werden, um viel Tabellenkalkulation zu tun. Dies liegt daran, Excel die Möglichkeit zu schaffen, so viele Formeln, Formel mit integrierten Funktionen oder Formel Sie es selbst definieren können.

Excel-Formeln können direkt verwendet werden, ohne Plug-In installieren oder Add-In ersten. Dies liegt daran, diese Funktion standardmäßig in Excel unterstützt wird.

1.4.1 erstellen von Formeln

Alle Formeln in Excel, egal wie komplex sie sind, in erster Linie mit einer einfachen Technik eingerichtet.

1. Klicken Sie auf die Zelle, die Sie die Formel erstellen möchten.

2. Klicken Sie gleich (=) Symbol auf der Tastatur. Alle gleich Symbol Excel sagen, dass Sie eine Formel erstellen wird.

1.4.2 Zellbezug

Sie können eine Formel erstellen, den Wert aus einer anderen Zelle bekommt. Sie müssen nur die andere Zelle auf die Formel verweisen, so dass die Formel den Wert basierend auf dem Wert zählen kann. Diese Methode hat viele Vorteile:

1. Wenn der Wert in anderer Zelle verändert, wird die Formel direkt aktualisiert werden und neuen Wert angezeigt werden soll.

2. In bestimmten Fall Zellbezug verwenden, können Sie die Formel in eine andere Zelle (in der Regel benachbarte Zellen) in einem Arbeitsblatt, und der Verweis in der neu kopierten kopieren wird dynamisch an die Zelle aktualisieren.

Die einfachste Methode, Zelle wird mit einer Maus zu verweisen, klicken Sie einfach auf die Zelle, die Sie verweisen möchten, dies wird die Zelle in die Formel automatisch verweisen (nach dem = -Zeichen).

1.4.3 Mathematik Formeln

Grundlegende mathematische Formeln sind der arithmetische Operator, wie Multiplizieren, Dividieren, addieren und subtrahieren. Wir werden zeigen, wie der arithmetischen Operator verwendet in Schritten:

1. Es gibt zwei numerischen Wert, den wir mit Hilfe von Excel mathematische Formel bedienen möchten.

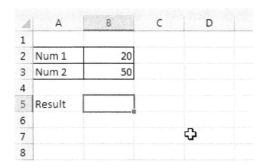

Pic 1.79 Zwei numerische Werte werden berechnet

2. Geben Sie Gleichheitszeichen Formel Schöpfung zu beginnen.

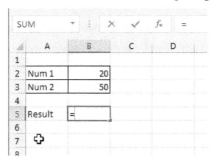

Pic 1.80 Einfügen von Gleichheitszeichen Formel Erstellung beginnen

3. Sie auf die erste Zelle, die den Wert enthält, zu betreiben, oder in einem anderen Wort, die ersten Operanden.

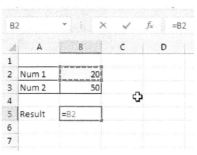

4. Setzen Sie den Operator, für dieses Beispiel, Ich werde Plus-Operator verwenden, um Additionen.

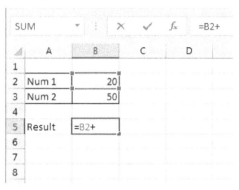

Pic 1.82 Einsetzen des zusätzlichen Operator

5. Wählen Sie den zweiten Wert als den zweiten Operanden.

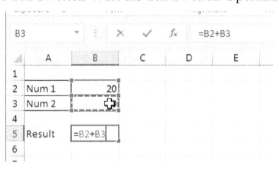

Pic 1,83 Select zweiter Wert zu arbeiten, der zweite Operand

6. Klicken Sie auf Ihrer Tastatur eingeben. Dadurch wird die Formel machen eingefügt. Sie können die Formel in der Formelleiste geschrieben sehen, und das Ergebnis der Operation in der Zelle angezeigt.

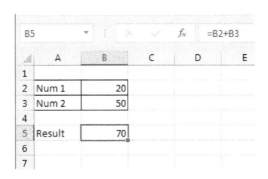

Pic 1.84 Formel bereits eingefügt

7. Wenn Sie die Maus wieder auf die Zelle klicken, sehen Sie die Formel wieder sehen.

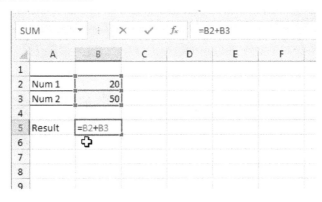

Pic 1.85 Excel Formel angezeigt wird, wenn Sie mit der Maus auf die Zelle klicken

8. Sie können den Operator mit * ändern Multiplikation zu tun.

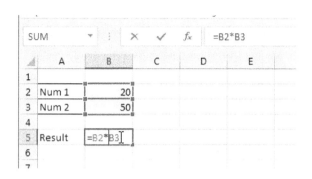

Pic 1.86 Ändern der Operator Multiplikation auszuführen

9. Enter-Taste drückt, wird das Ergebnis der Multiplikation angezeigt werden.

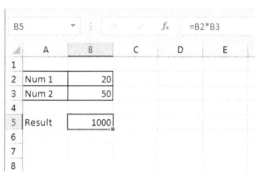

Pic 1,87 Ergebnis der Multiplikation Formel

10. Um Divisionsoperation Ändern Sie dazu den Operator Division Symbol eingeben (/).

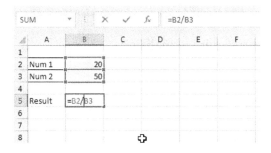

Pic 1.88 Ändern der Bediener /

11. Das Ergebnis der Formel wird in aktualisiert werden eine Zeit nach der Teilung.

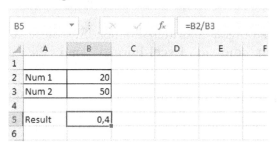

Pic 1.89 Das Ergebnis wegen der Teilung Formel aktualisiert

12. Zu ändern, um Subtraktion, Verwendung Minus (-) Symbol als Operator.

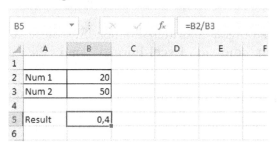

13. Das Ergebnis wird aktualisiert

Pic 1,91 Subtraktionsergebnis

14. Aus den obigen Schritten können Sie diese arithmetischen Operatoren, die in Excel-Formel sind die gleichen mit regelmäßigen Mathematik zu sehen.

Arithmetische Operatoren in Excel haben Symbole:

1. Subtraktionen, Minuszeichen (-).

2. Zusätzlich Plus Zeichen (+)

3. Division Slash-Zeichen (/),

4. Multiplikation, Stern-Zeichen (*)

5. Exponential, exponentielle Zeichen (^)

1.4.4 benannte Bereiche

Der Bereich ist eine Sammlung mehr als eine Zelle. Um die Formel Schöpfung zu erleichtern, können Sie einen benannten Bereich erstellen. Dadurch wird die Funktion besser lesbar machen. Um benannte Bereiche zu erstellen, könnten Sie Schritte verwenden unter:

1. Zum Beispiel gibt es eine Tabelle, in der die zweiten Spalte wird als benannten Bereich definiert werden.

Pic 1.92 Tabelle, wo die zweite Spalte genannt werden wird

2. Wählen Sie den Bereich möchten Sie zu identifizieren, die rechte Maustaste und klicken **Namen definieren** Speisekarte.

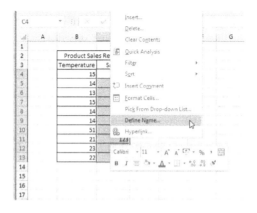

Pic 1,93 Bereich ausgewählt

3. **Neuer Name** Fenster erscheint, legen Sie den Namen für dieses Feld in dem Textfeld Name.

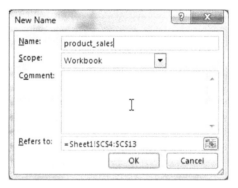

Pic 1.94 Einfügen von Namen für ausgewählten Bereich

4. Wenn Sie eine Zelle auswählen, die ein Mitglied des Bereichs, den Namen noch nicht identifiziert.

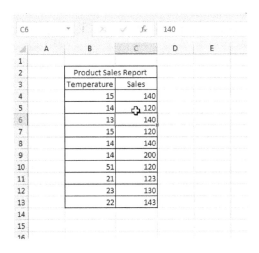

Pic 1.95 Wenn nur eine Zelle ausgewählt, wird der Name noch nicht identifizieren

5. Aber wenn Sie alle Zellen des Bereichs wählen, wird der Name in dem oberen linken Textfeld neben der Formel-Box zu sehen.

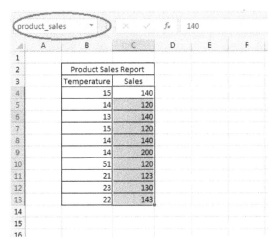

Pic 1.96 Name des bezeichneten Bereichs auf dem oberen linke Textfeld gesehen

6. Mit benannten Bereich, Formel Erstellung einfacher. Weil Sie die Formel lesbare, zum Beispiel machen können, können Sie nur MITTELWERT (named_range) schafft den Mittelwert aus allen Zellen im Bereich zu berechnen.

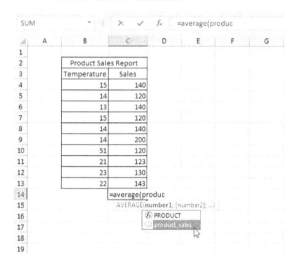

Pic 1,97 Named Bereich auf Formel

7. wenn die named_range Namen ausgewählt (Sie setzen Sie den Mauszeiger dort), alle Zellen innerhalb des named_range gewählt werden.

SUM			×	✓	fx	=AVERAGE(product_sales)		

◢	A	B	C	D	E	F	G	H
1								
2		Product Sales Report						
3		Temperature	Sales					
4		15	140					
5		14	120					
6		13	140					
7		15	120					
8		14	140					
9		14	200					
10		51	120					
11		21	123					
12		23	130					
13		22	143					
14			=AVERAGE(product_sales)					
15			AVERAGE(number1; [number2]; ...)					
16								

Pic 1.98 Alle Zellen in benannten Bereich ausgewählt

8.   Wenn die Formel erstellt, wird die Formel der Formel bar anzuzeigen besser lesbar als nur die Erstellung unter Verwendung von Zellen adressieren.

	A	B	C	D	E	F	G	
1								
2		Product Sales Report						
3		Temperature	Sales					
4		15	140					
5		14	120					
6		13	140					
7		15	120					
8		14	140					
9		14	200					
10		51	120					
11		21	123					
12		23	130					
13		22	143					
14			137,6					
15								

C14   =AVERAGE(product_sales)

Pic 1.99 Named Bereich

1.5   IF und Logikfunktionen

Um die Formel fortgeschritteneren zu machen, können Sie Wenn und andere Logikfunktionen nutzen. Diese Funktion wird einen Logiktest erstellen die Strömung der Formel zu verwalten. Der Wert im Vergleich mit IF und andere Logikfunktionen ist boolean genannt. Boolesche Wert hat nur zwei Varianten, Wahr oder Falsch.

1.5.1 UND

Und wird TRUE zurück, nur, wenn die zwei Operanden hat den Wert TRUE. Die Syntax ist:

```
= AND (Operand_1, Operand_2, ... operand_255)
```

Sie können unten auf den Stufen sehen:

1. Es gibt zwei Werte, WAHR und FALSCH.

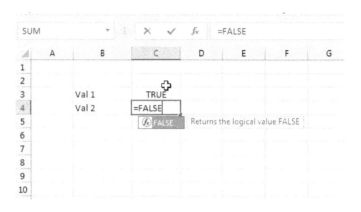

Pic 1,100 Zwei Werte WAHR und FALSCH als Operand

2. Geben Sie ein Gleichheitszeichen, und verwenden Sie die Funktion, gefolgt von (Geben Sie dann die Operanden, und gefolgt von).

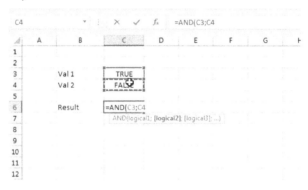

Pic 1.101 Eintritts- und Funktion und Einsetzen des Operanden

3. Das Ergebnis ist falsch, weil einer der Operanden falsch ist.

Pic 1.102 Ergebnis der UND-Funktion ist FALSCH

1.5.2 ODER

ODER-Funktion wird ein Wert TRUE zurück, wenn mindestens einer der Operanden RICHTIG Wert hat. Die Syntax sieht wie folgt sein:

```
= OR (Operand_1, Operand_2, ... operand_255)
```

Der Entstehungsprozess dieses ODER-Funktion:

1. Geben Sie Gleichheitszeichen = und geben Sie „OR" einzufügen.

2. Wählen Sie den Bereich der Operanden wollen Sie mit der Funktion OR betreiben.

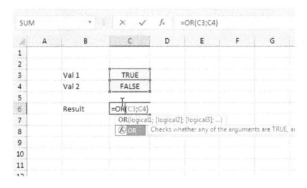

Pic 1.103 Wählen Bereich von Operanden verglichen werden mit OR

3. Das Ergebnis der ODER-Funktion ist wahr, weil einer der Operanden einen Wert True hat.

Pic 1.104 Ergebnis der ODER-Funktion

1.5.3 OB

IF-Funktion für die Entscheidungsfindung auf Basis von logischem Wert verwendet wird. Sie können festlegen, welche Maßnahmen ergriffen werden, wenn der if-Test wahr und andere Aktivitäten bewertet, wenn der if-Test FALSCH bewertet.

1. Klicken Sie auf die Zelle, die eine Formel mit IF-Funktion zu erstellen.

2. Geben Sie Gleichheitszeichen beginnen die Formel zu schaffen.

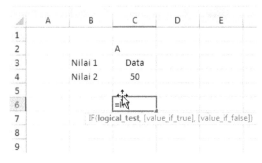

Pic 1.105 Erstellen Formel mit IF-Funktion

3. Erstellen Sie den logischen Test zum Beispiel möchten wir, ob die Zelle C4 Wert größer als 50 schaffen.

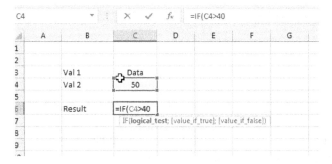

Pic 1.106 Logical Test

4. Definieren Sie Text angezeigt wird, wenn der Wert Wahr und Text, wenn der Wert falsch angezeigt werden soll.

Pic 1.107 Textwert definieren anzuzeigen, wenn wahr und falsch, wenn

5. Klicken Sie auf Eingabe, weil die if-Test wahr ist, dann erscheint der Text wird der erste Text sein.

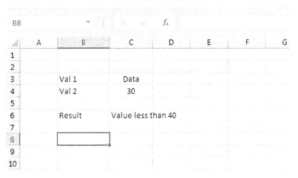

Pic 1.108 Zweiter Text, weil die auf FALSCH if-Test gleich angezeigt

6. Wenn der Testwert geändert, so dass der if-Test falsch bewerten, wird der erste Text angezeigt werden.

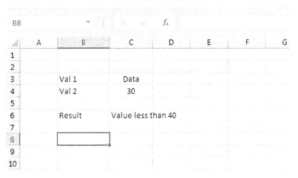

Pic 1.109 Wenn C4 Wert aktualisiert, der if-Test wird Falsch

1.6 Arbeiten mit Daten

Wenn mit den Daten zu tun, gibt es viele Techniken, um Daten zu erleichtern die Bearbeitung. Sie werden hier einige von ihnen lernen.

1.6.1 Fenster fixieren

Wenn die Daten sehr breit und kann in einem einzigen Fenster nicht angezeigt werden, können Sie einige Panel einfrieren, so dass Sie einige Daten gleiten können, während andere Daten eingefroren wurden.

Hier ist das Beispiel:
1. Es ist ein vollen Daten, die wir festgehalten werden sollen.

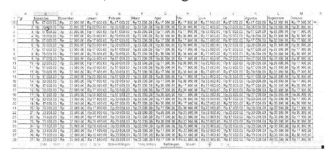

Pic 1.110 Weit Daten, die wir wollen einzufrieren

2. Klicken Sie auf die Zelle, die wir festgehalten werden soll. Diese Funktion ist im Grunde genommen unter dem Datenspaltenkopf und Zeilenkopf, oder die Spalte oder Zeile, die freeze (Aufenthaltunscrolled).

	A	B	C	D
1	Tgl	November	Desember	Januari
2	1	Rp 17.000,00	Rp 33.000,00	Rp17.000
3	2	Rp 30.000,00	Rp 33.000,00	Rp30.000
4	3	Rp 17.000,00	Rp 33.000,00	Rp17.000
5	4	Rp 30.000,00	Rp 33.000,00	Rp30.000
6	5	Rp 17.000,00	Rp 33.000,00	Rp17.000

Pic 1.111 Klicken Sie auf die Zelle, die wirken, als

3. Klicken **Aussicht** Reiter auf dem Band, und klicken Sie Fenster fixieren> Fenster fixieren.

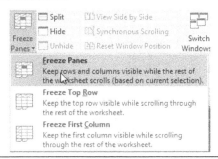

4. Nach dem Einfrieren, schieben Sie, wenn Sie horizontal die Daten horizontal gescrollt werden, aber die linke Spalte bleibt unscrolled.

	A	L	M	N	O
1	Tgl	September	Oktober		
2	1	Rp 33.000,00	Rp 17.000,00		
3	2	Rp 33.000,00	Rp 30.000,00		
4	3	Rp 33.000,00	Rp 17.000,00		
5	4	Rp 33.000,00	Rp 30.000,00		
6	5	Rp 33.000,00	Rp 17.000,00		
7	6	Rp 33.000,00	Rp 30.000,00		
8	7	Rp 33.000,00	Rp 17.000,00		
9	8	Rp 33.000,00	Rp 30.000,00		
10	9	Rp 33.000,00	Rp 30.000,00		
11	10	Rp 33.000,00	Rp 17.000,00		
12	11	Rp 33.000,00	Rp 30.000,00		
13	12	Rp 33.000,00	Rp 17.000,00		
14	13	Rp 33.000,00	Rp 30.000,00		
15	14	Rp 33.000,00	Rp 17.000,00		
16	15	Rp 33.000,00	Rp 30.000,00		
17	16	Rp 33.000,00	Rp 17.000,00		
18	17	Rp 33.000,00	Rp 30.000,00		
19	18	Rp 33.000,00	Rp 17.000,00		
20	19	Rp 33.000,00	Rp 30.000,00		
21	20	Rp 33.000,00	Rp 17.000,00		
22	21	Rp 33.000,00	Rp 30.000,00		

Pic 1.113 Spalte B, C gescrollt

5. Wenn die Daten vertikal gescrollt, würden die Zeilen unter der Kopfzeile oben scrollen.

	A	L	M	N	O
1	Tgl	September	Oktober		
22	21	Rp 33.000,00	Rp 30.000,00		
23	22	Rp 33.000,00	Rp 17.000,00		
24	23	Rp 33.000,00	Rp 30.000,00		
25	24	Rp 33.000,00	Rp 30.000,00		
26	25	Rp 33.000,00	Rp 17.000,00		
27	26	Rp 33.000,00	Rp 30.000,00		
28	27	Rp 33.000,00	Rp 17.000,00		
29	28	Rp 33.000,00	Rp 30.000,00		
30	29	Rp 33.000,00	Rp 17.000,00		
31	30	Rp 33.000,00	Rp 30.000,00		
32	31	Rp 33.000,00	Rp 17.000,00		
33	Jml Total				
34					
35					
36					

Pic 1.114 Zeilen gescrollt während der Header nicht der Fall ist

6. So entfernen Sie die Fenster fixieren Effekt, klicken Sie auf Registerkarte Ansicht, klicken Sie dann auf **Fenster fixieren> Unfreeze Panes**.

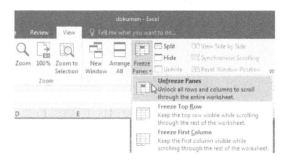

Pic 1.115 Klicken Sie hier für Panes> Unfreeze Panes

7. Nach dem nicht gefrorenen, werden die Daten erscheinen in vollem Umfang zurück.

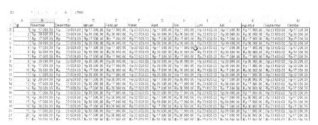

Pic 1.116 Die Daten erscheinen voll nach auftauen

1.6.2 Sortieren von Daten

Eine numerische und alphanumerische Daten können nach bestimmten Kriterien sortiert werden. Hier ist das Beispiel:
1. Zum Beispiel gibt es ein Datum des Arbeitnehmers.

▲	A	B	C	D	E
1	Name	Department	Age		
2	Jonny	Marketing	54		
3	Jokowi	Marketing	24		
4	Jean	Jig & Fixtures	40		
5	Andrew	Assembly	52		
6	Raghib	Welding	19		
7	Errick	Welding	29		
8	Susilo	Welding	29		
9	Jeff	Jig & Fixtures	39		
10	Stephen	Marketing	19		
11					
12					
13					

Pic 1.117 Daten der Arbeitnehmer

2. Für Zahlenwert, können Sie von klein bis groß sortieren, indem die Zellen auszuwählen, klicken Sie dann auf **Sortieren> Sortieren der kleinsten zur größten**. Dadurch wird die numerischen Daten vom kleinsten zum größten sortieren

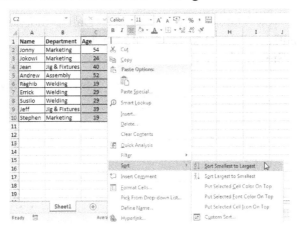

Pic 1,118 Sortieren kleinsten zum größten

3. Die Daten auf der Säule werden automatisch sortiert werden, während die Daten in einer anderen Spalte werden eingestellt werden, weil ich wähle **Erweitern Sie die Auswahl**.

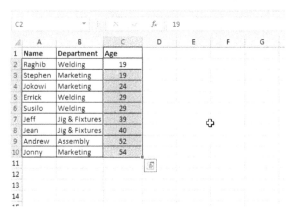

Pic 1.119 Ergebnis des Sortierens

1.6.3 Filtern von Daten

Filtern von Daten wird Excel nur Daten machen, die den Kriterien entsprechen. Hier ist ein Beispiel:

1. Klicken Sie auf die Spalte gefiltert werden.

2. Rechte Maustaste und wählen **Filter> Filter nach ausgewählter Zelle Wert**.

3. Alle werden von dem Tabelleninhalt leer sein. Dies geschieht, weil alles gefiltert wird.

Pic 1.121 Tabelle Inhalt leer, weil alles gefiltert

4. Klicken Sie auf Filter-Symbol, und wählen Sie Alle auswählen alle Daten anzuzeigen.

Pic 1.122 Wählen Sie alle alles anzeigen

5. Der gesamte Inhalt der Tabelle angezeigt.

Pic 1.123 Alle Inhalte angezeigt

6. Sie können auch einige Daten filtern, indem Sie den Wert, den Sie anzeigen möchten angezeigt werden.

Pic 1,124 auf einem bestimmten Wert Überprüfung angezeigt werden

7. Die Daten ausgewählt werden angezeigt.

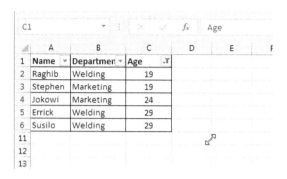

Pic 1.125 ausgewählten Daten werden angezeigt

8. Sie können auch Kriterien für die Filterung erstellen. ZumBeispieldaten angezeigt werden, die mehr als einen Wert hat, der rechten Maustaste auf die Spalte, dann Anzahl Filter> Greater Than.

Pic 1.126 Anzahl Filter> Größer als

9. Geben Sie den Wert für die Filterung, beispielsweise 50 auf **Ist größer als** ein Textfeld ein. Dieser Wert wird nur angezeigt, Werte größer als 50.

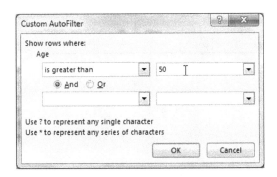

Pic 1.127 Eingabe Kriterien für die Filterung

10. Daten, die angezeigt werden werden die Daten mit dem Wert> 50.

Pic 1.128 Daten werden Datenwert dargestellt haben> 50

11. Zum Entfernen von Filtern, klicken **Sortieren & Filtern> Filter**. Die Filterung wird gelöscht.

Pic 1,129 Menü entfernen Filterung

1.6.4 Tabelle

Eine regelmäßige Daten in Excel als Excel-Tabelle formatiert werden. Diese Funktion wird einfacher Grafik und Tabelle der Datenmanipulation machen zu schaffen. Hier ist, wie Sie regelmäßig Daten als Tabelle erstellen:

1. Wählen Sie alle Zellen, die Sie in eine Tabelle zu übernehmen möchten.

| C10 | | ▾ | ⋮ | × | ✓ | f_x | 54 |

◢	A	B	C	D
1	Name	Department	Age	
2	Raghib	Welding	19	
3	Stephen	Marketing	19	
4	Jokowi	Marketing	24	
5	Errick	Welding	29	
6	Susilo	Welding	29	
7	Jeff	Jig & Fixtures	39	
8	Jean	Jig & Fixtures	40	
9	Andrew	Assembly	52	
10	Jonny	Marketing	54	
11				
12				
13				
14				

2. Klicken Sie auf Format als Tabelle und wählen Sie das Tabellenformat Format, das Sie möchten.

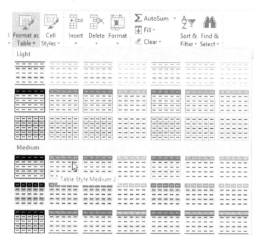

Pic 1.131 Wählen Sie Tabellenstil-Format

3. Der Bereich wird gewählt, können Sie Ihre Tabelle gepunktete Linie umgeben sehen können. Wenn die Tabelle einen Header hat, überprüfen**Meine Tabelle hat Header**.

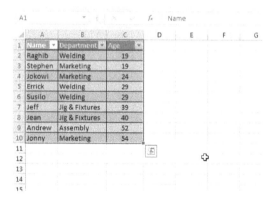

Pic 1.132 Klicken Sie auf OK, eine Tabelle aus dem ausgewählten Bereich zu erstellen

4. Klicken Sie auf OK, Sie der Bereich ausgewählt wird eine Excel-Tabelle werden. Wenn die Daten eine Tabelle wurden, wird ein Filter Pfeil auf dem Header angezeigt.

Pic 1.133 Filtering Pfeil auf der Kopfzeile jeder Spalte

5. Wenn Sie eine Zelle außerhalb wählen, nach wie vor der Bereich als Tabelle formatiert. Eine Tabelle kann auch durch Einfügen der Tabelle des Namens auf gewählt werden**Name** Textfeld.

Pic 1.134 Ranges bereits als Tabelle formatiert

1.7   Chart & Pivot-Tabelle

Die Grafik ist eine visuelle Darstellung von Daten in Excel-Arbeitsblatt. Die Grafik macht regelmäßige Benutzer können Daten verstehen einfacher als nur numerische Daten zu lesen. Excel unterstützt viele Diagramme wie folgt:

Chapter 1   Kreisdiagramm: Gebrauchte Prozentsatz zu zeigen. Dies wird zeigen, wie viel ein Stück des Datenwerts im Vergleich zu anderen in Scheiben schneiden und Gesamtwerten der Zelle.

Chapter 2   Säulendiagramm: Wird verwendet, um Produkte zu vergleichen. Jede Spalte zeigt einen Wert von Daten.

Chapter 3   Balkendiagramm: ähnlich   mit Säulendiagramm, das nur horizontal und nicht vertikal wie eine Säule.

Chapter 4   Liniendiagramm: Nice den Trend der Daten zu zeigen, von Zeit zu Zeit.

Chart manchmal auch als Grafik. Neben den Charts oben, es gibt viele andere Diagrammtyp in Excel.

1.7.1 Erstellen von Diagramm

Um einen Graphen zu erstellen, sollten Sie drei Dinge tun:

Erste Einfügen von Daten, egal welche Art von Karte, die Sie erstellen möchten, sollten Sie Daten in das Arbeitsblatt eingeben.

Wenn Daten in ein Arbeitsblatt eingegeben haben, bitte unten einige Stücke von Informationen berücksichtigen:

1. Nicht leere Zelle oder Zeile / Spalte zwischen Daten lassen. Wenn es eine leere Zeile oder Spalte zwischen Daten vorhanden ist, wird diese Excel-Diagramm-Assistent nicht

effizient. Daher machen Diagramm härter zu schaffen, müssen Sie die Daten manuell auswählen.

2. Wenn Sie können, Einfügen von Daten in der Spalte Stil. Sie geben einfach den Datennamen in der Kopfzeile und der Datenreihe dann für diesen Header unter dem Header-Namen in einer Spalte.

Zweitens ist die Auswahl Daten.

Pic 1.135 Auswahl Daten

Holen Daten, müssen Sie:

1. Klicken Sie in der linken oberen der Daten

2. Schleppzeiger über Daten, so sollte jede Zelle ausgewählt werden.

Der dritte Schritt ist durch die Wahl, welche Methoden aufgenommen wurden, mit den Diagramm-Assistenten oder manuell.

1.7.2 Erstellen Säulendiagramm

Um zu zeigen, wie ein Diagramm zu erstellen, werde ich zeigen, wie ein Säulendiagramm zu erstellen. Folgt man diesem Beispiel können Sie eine andere Art von Diagrammen leicht, erstellen, da im Grunde alle Diagramm ist die gleiche.

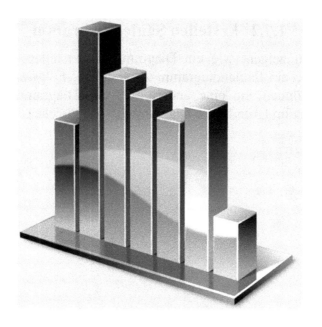

Pic 1.136 Säulendiagramm

Schauen Sie sich das Beispiel unten:
1. Die Daten für dieses Beispiel wie folgt aus:

Verkäufer	Gesamtu msatz
Jimmi	10000
Joan	12000
Tri	18000
Tony	11000
Jerry	9000

2. Wählen Sie alle Tabelle, einschließlich der Text in der Kopfzeile.

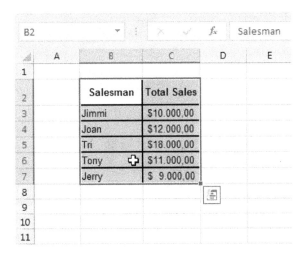

Pic 1.137 Auswählen aller Tabellenkomponente

3. Klicken Sie auf Diagramm einfügen, weil das Diagramm wir schaffen wollen ein Säulendiagramm ist, Spalte wählen.

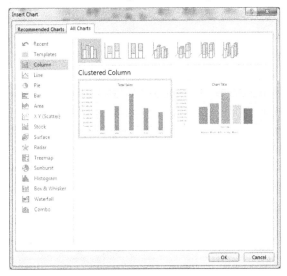

Pic 1.138 Erstellen Spalte

4.   Klicken Sie auf einen Untertyp der Spalte Typ.

Pic 1.139 Auswahl Sub-Typ aus dem Säulendiagramm

5. Eine Tabelle wird automatisch erstellt.

Pic 1.140 Spalte Tabelle erstellt automatisch

6. Sie können auch eine Tabelle, indem Sie auf Einfügen erstellen> Spalte dann wählen Untertyp der Spalte Tabelle, die Sie erstellen möchten.

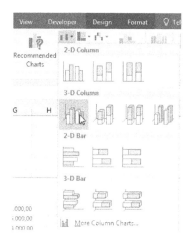

Pic 1.141 Aussuchen Spalte Tabellentyp

7. Eine neue Tabelle wird erstellt.

Pic 1.142 neue Tabelle erstellt

8. Die Tabelle bereits kann beispielsweise angepasst, erstellt werden, können die horizontalen Linien durch Klick auf eine der Zeilen gelöscht werden, dann mit der rechten Maustaste und klicken Sie auf **Löschen**.

Pic 1,143 Mit Löschen-Menü horizontale Linien löschen

9. Die horizontale Linie wird aus der Tabelle gelöscht werden.

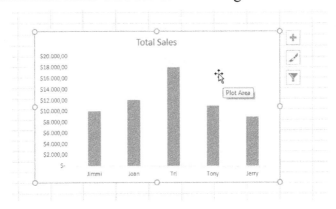

Pic 1.144 Horizontale Linie aus der Tabelle gelöscht

10. So formatieren Sie bestimmte Spalten auf dem Diagramm mit der rechten Maustaste und wählen **Format Data Point**.

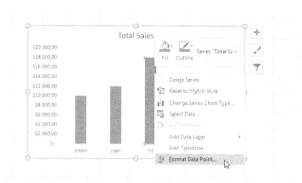

Pic 1,145 Menü Format Data Point Format Spalten auf dem Chart

11. Der erste Reiter ist Series Optionen. Sie können die Tiefe und Breite Eigenschaften der Serie Optionen ändern. Auswählen, indem die Tiefe und die Breite zu verändern.

Pic 1.146 Series Optionen

12. Füllen Registerkarte wird verwendet, Farben, Muster oder Bild verwalten die Spalten zu füllen.

Pic 1,147 Format Data Point

13. Nachdem die Säule geändert wird, wird die Spalte einen anderen Stil.

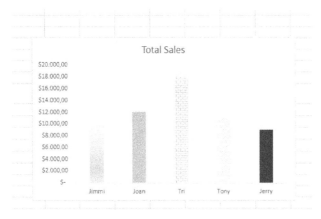

Pic 1.148 Spalte haben verschiedene Stile

14. In Randfarbe, können Sie, was für die Spalten Art der Grenze definieren.

Pic 1.149 Randfarbe

15. Die Säulen werden begrenzt.

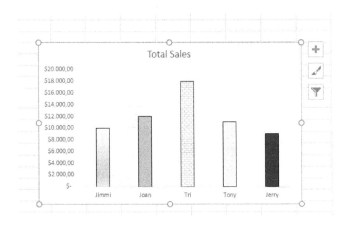

Pic 1.150 Columns nach grenzte

16. Im Schatten können Sie Schatten für die Datenpunkte / Spalten geben.

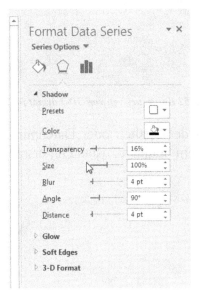

Pic 1.151 Konfigurieren von Schatten

17. In einem 3D-Format, können Sie den 3D-Stil für Datenpunkte / Spalten konfigurieren.

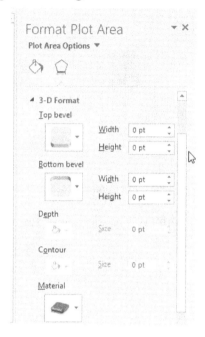

Pic 1.152 Konfigurieren von 3D-Format für Datenpunkte

18. Das Format der Spalten oder Datenpunkte aus der Tabelle ergibt sie aus dem Standardzustand unterschiedlich sein.

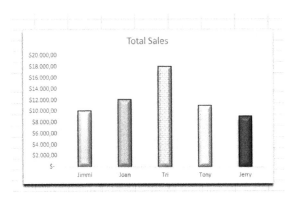

19. Um den Titel des Diagramms zu ändern, können Sie den Titel Feld klicken.

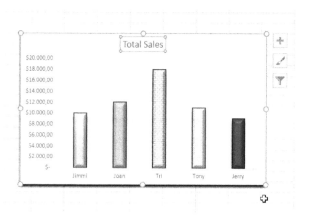

Pic 1.154 Durch Klicken auf das Titelfeld Chart Titel zu ändern

20. Geben Sie den neuen Text für den Titel.

Pic 1.155 Typing neuen Text für den Titel

21. Um zu sehen, Daten Quelle, mit der rechten Maustaste und wählen Daten wählen.

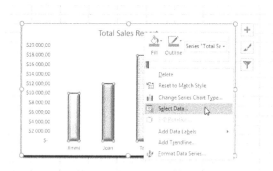

Pic 1,156 Menü Daten auswählen

22. Sie können eine Reihe von Daten, die als Legendeneinträge und Achsenbeschriftungen sehen.

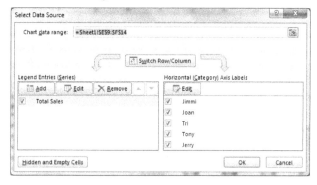

Pic 1.157 Datenquelle

23. Wenn das Fenster Datenquelle geöffnet haben, können Sie sehen, welche Spalte dienen als Legendeneinträge und Achsenbeschriftungen.

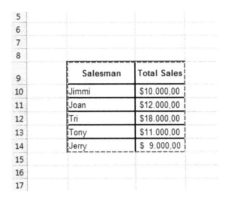

	Salesman	Total Sales
10	Jimmi	$10.000,00
11	Joan	$12.000,00
12	Tri	$18.000,00
13	Tony	$11.000,00
14	Jerry	$ 9.000,00

Pic 1.158 Datenquelle

24. Sie können den Typ des Diagramms auf eine andere Art der Spalte ändern, indem Sie auf **Spalte> Sonstige Spalten-Typ**.

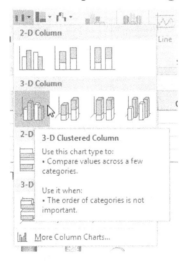

Pic 1.159 Spalte> Sonstige Spalten-Typ

1.7.3 Pivot-Tabelle

Eine Tabelle kann geschwenkt werden, um einen Drehtisch zu schaffen. Diese Tabelle wird Ihnen helfen, Informationen klarer zu sehen. Sie können einige aggregierte Daten sehen, die sie nicht mit der Standard-Tabelle. Hier ist, wie eine Pivot-Tabelle zu erstellen:

1. Klicke auf **Einfügen> Pivot-Tabelle**.

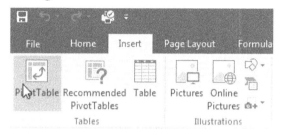

Pic 1.160 Klicken Sie auf Einfügen> Pivot-Tabelle

2. Wählen Sie den Bereich, der Daten zu machen, die Tabelle hat und klicken Sie auf **OK**.

Pic 1.161 Bereich wählt eine Pivot-Tabelle zu erstellen

3. Pivot-Tabellenfeld erschienen, aber Sie haben keine Spalten gesehen eingetragen.

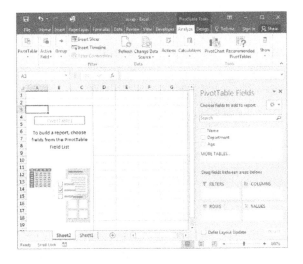

Pic 1.162 Pivot-Tabelle eingetragen

4. Zum Beispiel, wenn wir das Durchschnittsalter für jede Abteilung wissen wollen, können Sie Bild unten eingeben:

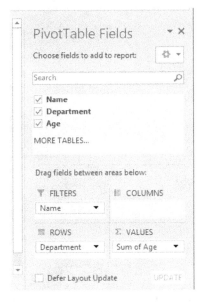

5. Sie können die Summe des Alters sehen.

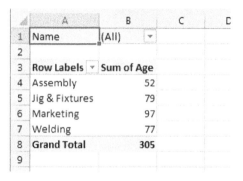

Pic 1.164 Pivot-Tabelle für die Summe für Alter

6. Um den Aggregationstyp zu ändern, klicken Sie auf Summe aus Alter und klicken **Wert Feldeinstellungen**.

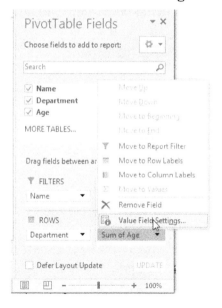

Pic 1.165 Auswahl Wert Feldeinstellungen

7. Wählen **Summarize Typ** den Mittelwert bilden.

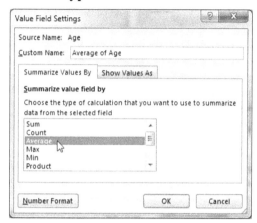

Pic 1,167 Wahl Summarize Typ Durchschnittlich

8. Sie können das Durchschnittsalter der einzelnen Abteilungen sehen.

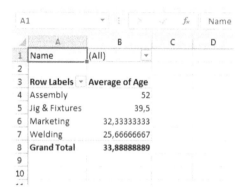

Pic 1,168 Durchschnittsalter pro Abteilung

ZUGANG FÜR ANFÄNGER

Microsoft Access ist eine RDBMS-Software verwendet, um Daten in einer Datenbank zu verwalten. RDBMS bedeutet relationales Datenbank-Management-System. Diese App gehören zum Microsoft Office App. Diese App verfügt über eine intuitive Benutzeroberfläche und nette GUI erleichtert die Verwaltung von Daten in der Datenbank zu machen.

2.1   Einführung in MS Access

Microsoft Access kann Daten verwalten, die in vielen Formaten, wie Microsoft Access, Microsoft Jet Database Engine, Microsoft SQL Server, Oracle Database und andere Datenbank-Container gespeichert werden, die ODBC-Standard unterstützen.

Entwickler / Programmierer kann MS Access verwenden, um komplexe oder einfache Anwendungssoftware zu entwickeln. Access unterstützt auch die objektorientierte Programmierung, obwohl nicht als vollständig OOP Programmierung IDE klassifiziert werden.

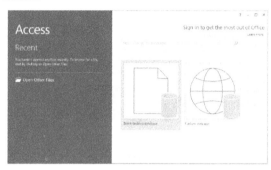

Pic 2.1 Zugang 2018

2.1.1 MS Access Objects

Datenbank in erster Linie zur Speicherung von Datenbank effizient genutzt, wo die Daten ausgewählt, aktualisiert oder gelöscht werden. Um diese Funktion aufnehmen, muss die Datenbank in MS Access mehrere Objekte:

ein	Objekte	Funktion
.	Tabelle	Ein Ort zum Speichern von Daten.
.	Abfrage	Sprache oder Syntax Daten oder Datenbank zu manipulieren.
.	Bilden	Eine Schnittstelle Daten / Informationen in der Datenbank unter Verwendung von Desktop-Benutzeroberfläche zu verwalten. Diese Funktion macht Interaktion Daten einfacher und nützlich bei der Vermeidung von Fehlern
.	Bericht	Objekt anzuzeigen und Druckdaten / Informationen als

		Bericht. Normalerweise wird sie auf Papier gedruckt.

2.1.2 Öffnen und Schließen von MS Access

Zum Ausführen von MS Access, können Sie die Schritte tun unter:

1. Der schnellste Weg ist, die von Windows + R, klicken Sie auf Ihrer Tastatur geben Sie dann „msaccess"Befehl und klicken Sie auf OK.

Pic 2.2 Eingabe von „msaccess" Befehl in MS Access

2. Die anfängliche MS Access-Fenster sieht wie folgt aus:

Pic 2.3 Initial MS Access 2018 Fenster

3. Um dieses Fenster zu schließen, klicken Sie **Datei> Schließen**:

Pic 2.4 Datei> Beenden Menü MS Access-Fenster schließen

4. Sie können in der Nähe MS Access auch Quer [X] Zeichen auf der oberen rechten Ecke des Fensters durch Klicken oder durch Klicken **ALT + F4** Verknüpfung auf Ihrer Tastatur.

Pic 2.5 Klicken Sie auf das Kreuzzeichen auf der oberen rechten Ecke des Fensters

2.1.3 MS Access' Interfaces

Wenn MS Access-Schnittstelle öffnet, gibt es zwei Möglichkeiten. Die erste Option ist durch eine leere Datenbank erstellen und die zweite eine Datenbank schafft basierend auf individuellen Vorlagen.

Pic 2.6 Verfügbare Vorlagen

Wenn Sie eine Datenbank auf Modelle basierend erstellen möchten, finden Sie die Vorlage, indem Sie das Stichwort in Suche nach Online-Vorlagen Textbox einfügen. Sie können das Fenster nach unten scrollen hier viele Vorlagen zu finden.

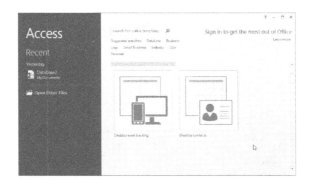

Pic 2.7 Office.com Vorlagen

Nachdem das Schlüsselwort eingefügt, und Sie auf Ihrer Tastatur drücken Sie die Eingabetaste, alle mit dem Schlagwort Vorlagen eingegeben werden angezeigt.

Pic 2.8 Sucher auf Vorlagen Stichwort

Um eine Datenbank zu erstellen, die auf einer Vorlage basiert, klicken Sie einfach auf die Vorlage. Die Einzelheiten der Vorlage wird angezeigt. Sie können Sie Datenbanknamen eingeben wollen in Textfeld Dateinamen erstellen. Dann erstellen Klicks, um die Datenbank zu erstellen.

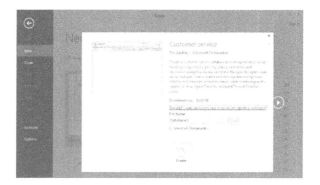

Pic 2.9 Die Einzelheiten der Vorlage

Die Vorlage ausgewählt wird heruntergeladen und erstellt werden.

Pic 2.10 Vorlage heruntergeladen eine neue Datenbank zu erstellen, basierend auf dieser Vorlage

Die neu erstellte Datenbank wird bereits eine Struktur:

Pic 2.11 Neu erstellte Datenbank hat bereits eine Struktur

2.1.4 Konfigurieren von MS Access-Optionen

Um der Lage sein, effizient zu arbeiten, sollten Sie MS Zugriffsmöglichkeiten auf Anzügen Ihren Bedarf konfigurieren. Klicken Sie auf Datei> Optionen App Optionen zu konfigurieren.

Pic 2.12 Klicken Sie auf Datei> Optionen starten apps Konfiguration

In Registerkarte Allgemein können Sie Live-Vorschau aktivieren, aktivieren Sie löschen den Text ein Auftritt auf MS Access zu verbessern. Sie können auch durch die Wahl in Combo-Box Office-Design, das Farbschema von MS Access-Fenster ändern.

Pic 2.13 Tab Allgemeine allgemeine Optionen von MS Access konfigurieren

In der aktuellen Datenbank können Sie einrichten Optionen auf, wie die Datenbank verhalten. Wie die Anwendung Titel, Applikations-Icons können Sie das Bild, Navigation aktiviert oder nicht festgelegt, ob.

Pic 2.14 Aktuelle Registerkarte Datenbank

In der Registerkarte Datenblatt können Sie die Gitternetzlinien und Zell Effekte konfigurieren, und Sie können die Schriftgröße, Schriftstärke und Schriftstil eingerichtet.

Pic 2.15 Konfigurieren von Gitternetzlinien und Fonts

In Object Designer Registerkarte können Sie Optionen für die Objekterstellung, wie die Definition Standard-Objekttyp konfigurieren, können Sie auch Standard-Feldtext und Standardfeldgröße festgelegt.

In Abfrage-Entwurf, können Sie Option definieren, wenn eine Abfrage erstellen, wie zum Beispiel, ob Sie Tabellennamen angezeigt wird, Tabellenfeld usw. In Form / Report-Entwurfsansicht können Sie die Optionen festlegen, wenn das Formular oder einen Bericht zu erstellen.

Pic 2.16 Object Designer

In Proofing können Sie Proofing-Optionen für MS Access, wie Autokorrektur-Optionen, und Rechtschreibung Korrektur eingestellt. Sie können die Wörterbuchsprache als Basis für die Sprach-Korrektur definieren.

Pic 2.17 Sprache Proofing Tab

In Sprache können Sie die Bibliotheken für die Editier-Funktion sehen. Diese Funktion ist abhängig von den Einstellungen Ihres Computers. Weil ich eine Indonesien Benutzeroberfläche verwenden, ist die Standard-Indonesisch und Englisch.

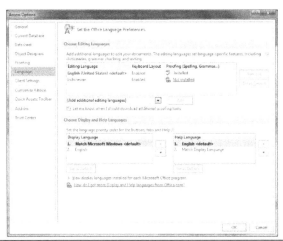

Um eine Sprache hinzuzufügen, wählen Sie die Sprache, in Kombinationsfeld hinzufügen Zusätzliche Bearbeitungssprache, und klicken Sie auf Hinzufügen. Am Anfang wurde die Bibliothek für den Sprach Status „nicht installiert." Klicken Sie auf diesen Link.

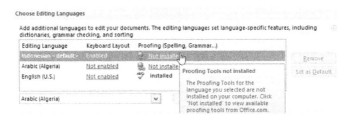

Pic 2,19 Klicken Sie installiert nicht das Sprachpaket zu öffnen

Eine Download-Seite wird von Office.microsoft.com entstehen. Klicken Sie einfach auf den Download-Link Proofing-Paket für diese Sprache zum Download bereit. Auf Client-Einstellungen können Sie die Bearbeitung Aspekte von MS Access, wie wie man sich bewegt nach der Eingabe, Bestätigung, Verhalten etc. konfigurieren

In Band anpassen, können Sie das Band, durch das Hinzufügen oder Entfernen von Befehlen und Text aus vorhandenen Befehlen in dem Band anpassen.

Pic 2,21 Band anpassen Registerkarte

In Quick Access Toolbar können Sie Schaltfläche in der Schnellzugriffsleiste hinzufügen. Diese Funktion ist auf der oberen linken Seite des Fensters.

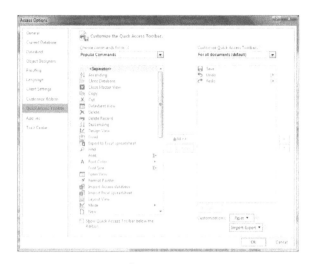

Pic 2.22 Anpassen Schnellzugriffsleiste

In Add-In können Sie Add-in Software Funktionen Ihrer MS Access Programme hinzuzufügen.

Pic 2.23 Registerkarte Add-Ins

In Trust Center können Sie Optionen konfigurieren Sie Ihre Dokumente zu schützen.

Pic 2,24 Trust Center

2.1.5 Erstellen, Speichern und Öffnen Datenbank

Vor Datenbank Manipulation zu tun, sollten Sie eine Datenbank erstellen. Im vorigen Beispiel haben Sie eine Datenbank aus einer Vorlage erstellt. Nun sollten Sie eine leere Datenbank erstellen.

Sie können das Tutorial unten folgen:

1. Klicken Sie auf der Registerkarte Datei.

2. Um eine leere Datenbank zu erstellen, klicken Sie auf Leere Datenbank in **der Available-Vorlage.**

Pic 2.25 Hinzufügen Blank Datenbank

3. Füllen Sie den Namen für die Datenbank in Textfeld Dateiname, und klicken Sie auf **Erstellen**.

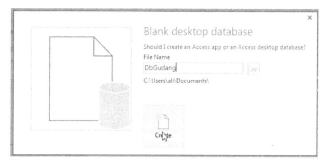

Pic 2.26 Klicken Sie auf Erstellen Sie einen Dateinamen erstellen

4. Wenn sie geöffnet, können Sie die neue Tabelle Schnittstelle sehen. Aber der Tischwurde noch nicht erstellt, da die Tabelle nicht gespeichert wurde.

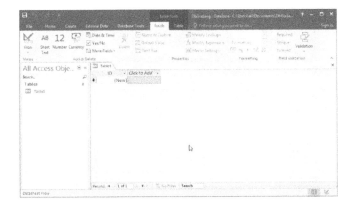

Pic 2,27 Blank-Datenbank auf MS Access-Fenster

5. Um die Datenbankdatei zu speichern, klicken Sie auf **Datei>
Speichern**.

Pic 2.28 Datei> Speichern MS Access-Datenbank-Datei speichern

6. Um zu einer anderen Art von Datenbank-Datei zu speichern,
klicken Sie auf **Datei> Speichern unter> Speichern
Datenbank Als**.

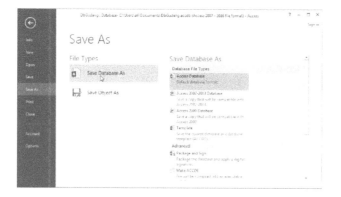

Pic 2.29 Datei> Speichern unter> Speichern Datenbank

7. Geben Sie den neuen Dateinamen in Speichern unter, klicken Sie auf **sparen**.

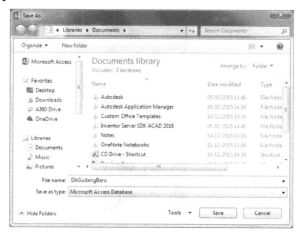

Pic 2.30 Benennen Sie die Datei und klicken Sie auf Speichern

8. Wenn Datenbank Bearbeitung bereits fertig sind, klicken **Datei> Schließen Datenbank** die Datenbank zu schließen.

Pic 2.31 Datei> Schließen Datenbank, um die Datenbank zu schließen

9. Um die Datenbank-Datei zu öffnen, klicken Sie auf **Datei> Öffnen.**

Pic 2.32 Klicken Sie auf Datei> Öffnen

10. Wählen Sie die Datenbankdatei öffnen wollen.

Pic 2.33 Auswählen von Datei Access-Datenbank zu öffnen

11. Die Datei wird geöffnet, und Sie können Ihre Datenbank manipulieren. Wenn eine Datei geöffnet ist, können Sie in der Titelleiste sehen Dateinamen angezeigt werden soll.

Pic 2.34 Datei bereits geöffnet, können Sie den Namen des Archivs in der Titelleiste sehen können

2.1.6 Das Verständnis Buttons in Ribbon

In Band gibt es einige Tasten Sie die Datenbank manipulieren können. Die erste ist Registerkarte Start die Tasten Datenbank zu bearbeiten und das richtige Format.

Pic 2.35 Tab Startseite di Ribbon

Einige Schaltflächen in der Registerkarte Start sind:

1. View : Die Ansicht von Objekten aus vielen Winkeln zu verändern. Beispielsweise ändert die Tabelle oder die Eingabedaten anzuzeigen.

2. Paste : Einfügen von Datei oder das Objekt aus der Zwischenablage von Kopie oder Schneidevorgang gesammelt.

3. Cut : Schneidobjekt. Objektausschnitt ted verschwindet und bleibt in der Zwischenablage, die eingefügt werden können, Einfügen-Taste.

4. Copy : Kopieren Objekt. Objekt kopiert bleibt in der Zwischenablage.

5. Format Painter : (ZB Text) zu einem anderen Formatierung von einem Ort zu kopieren.

6. Filter : Filtern von Daten.

7.　　　　: Daten mit aufsteigender Reihenfolge vom kleinsten zum größten zeigt. Von A bis Z.

8. $\frac{Z}{A}\downarrow$ Descending : Daten mit absteigender Reihenfolge von der größten zur kleinsten, von Z bis A zeigt.

9. $\frac{A}{Z}$ Remove Sort : Der Sortiereffekt zu entfernen.

10. Selection ▼ : Filterauswahl

11. Advanced ▼ tun erweiterte Filterung:

12. Refresh All ▼ : Alles auffrischen

13.　　　　: Einen neuen Rekord auf dem Tisch erstellen.

14. Save : Neuen Datensatz in der Tabelle speichern

15. ✕ Delete ▼ : Den Datensatz zu löschen.

16. Σ Totals : Die Gesamt Fasst.

17. ABC Spelling : Prüfe die Rechtschreibung.

18. Find : Bestimmte Texte finden.

19. Calibri (Detail) ▼ : Die Schriftart auf einen bestimmten Stil festlegen.

20. 11 ▼ : Schriftgröße konfiguriert.

21. **B** : Bold Stil zu ausgewählten Texten zu implementieren.

22. *I* : Der Kursivstil zu ausgewählten Texten anzuwenden.

23. U̲ : Rechtsklick unterstreicht auf ausgewählte Texte.

24. **A** : Wählen Sie die Farbe des Textes.

25. : Zellenfarbe auswählen.

26. ≣ ≣ ≣ : Die Inline-Ausrichtung wählen, ob rechts oder in der Mitte links.

Der zweite Reiter ist erstellen. Es gibt viele Knöpfe Objekte Schöpfung in MS Access gerecht zu werden.

Pic 2,36 Tab erstellen

Einige Schaltflächen in der Registerkarte Erstellen sind:

1. Templates : Ein Objekt auf der Grundlage der verfügbaren Vorlage erstellen.

2. Table : Erstellen einer Tabelle.

3. Design : Umschalten auf Tabellenentwurf.

4. Lists ▾ : Verwalten von Aktien Punktlisten.

5. Wizard : Eine Abfrage mit Hilfe eines Assistenten erstellen.

6. Design: Eine Abfrage mit Design-Oberfläche erstellen.

7. : Eine neue Form zu schaffen.

8. Form Design : Ein Formular mit einer Design-Oberfläche erstellen.

9. Blank Form : Leere Form zu schaffen.

10. Form Wizard : Eine neue Form von Experten erstellen.

11. Navigation ▾ : Navigation Form Hinzufügen.

12. More Forms ▾ : Mehr Form hinzufügen.

13. Report : Erstellen eines Berichts.

Report
14. Design : Ein Bericht mit dem Entwurfsansicht.

Blank
15. Report : Einen neuen leeren Bericht zu erstellen.

16. Report Wizard : Erstellen eines Berichts-Assistenten

17. Labels : Etiketten in einem Bericht eingeben.

Macro
18. : Erstellen eines Makros.

19. Module : Ein Makro für das Modul zu schaffen

20. Class Module : Ein Klassenmodul Schaffung

21. Visual Basic : Ein Visual Basic-Modul zu schaffen.

Die dritte Registerkarte ist die Registerkarte Externe Daten. Dieses Register wird auf Import und Export von Daten.

Pic 2.37 Externe Daten Registerkarte

Einige der Tasten auf der Registerkarte Externe Daten sind:

1. Saved Imports : Auf einem Dokument gespeichert Importe angezeigt.

2. Linked Table Manager : Tabelle aus einer anderen Datenquelle zu verbinden.

3. Excel : Aus Excel importieren.

4. Access: Daten aus MS Access zu importieren.

5. ODBC Database: Von ODBC-Datenquelle zu importieren.

6. Text File : Aus Textdateien importieren.

7. XML File : Aus einer XML-Datei zu importieren.

8. More ▾ : Aus anderen Dateien importieren.

9. Saved Exports Exportieren eines Dokuments:.

10. Excel : Daten in Excel-Datei exportieren.

11. Text File : Daten in eine Textdatei exportieren.

12. XML File : Daten in eine XML-Datei exportieren.

13. PDF or XPS : Daten PDF- oder XPS-Datei exportieren.

14. E-mail : Exportieren von Daten-Datei per E-Mail.

15. ⒶⱯ Access : Daten zu einer anderen Access-Datei exportieren.

16. Ⱳ Word Merge : Wort merge verwenden.

17. Ⱳ More ▾ : Weitere Optionen für MS Access Daten zu exportieren.

18. Create E-mail : Eine E-Mail mit dem Access-Dokument als Anlage erstellen.

19. Manage Replies : Verwalten Antwort.

Der vierte Registerkarte in der Band ist Datenbank-Tools. Hier können Sie viele Datenbank verwandte Werkzeuge sehen.

Pic 2.38 Registerkarte Datenbanktools in dem Band

Einige Schaltflächen aus dieser Datenbank-Tools Registerkarte sind:

1. : Komprimieren und Datenbank zu reparieren.

2. : Programmierung in Visual Basic zu tun VB Fenster zu öffnen.

3. Laufen Makro.

4. : Das Beziehungsfenster öffnen, das die Beziehungen zwischen Datenbankobjekten zeigt.

5. : Objektabhängigkeiten werden angezeigt.

6. : Open Database Documenter.

7. Analysieren Sie die Leistung von Objekten.

8. : Analyzing Tisch

9. SQL Server : SQL Server-Fenster öffnen Remote-SQL-Server-Datenbank zu verwalten.

10. Access Database : Verwalten von Zugriff auf Datenbanken.

11. SharePoint : Ein Sharepoint-Fenster öffnen Sharepoint-Datenbank zu verwalten.

12. Add-ins : Eröffnung Add-Ins Fenster Add-In hinzufügen oder entfernen.

Weiter Registerkarte ist die Registerkarte Formatierung. Das Erscheinen dieser Registerkarte hängt von Objekten ausgewählt.

Pic 2,39 Formatierungs Registerkarten, die Objekte anzeigen, die mit

2.2   Einführung Tabelle Objekt

Eine Datenbank hat einen Tabellendaten zu speichern. Ohne den Tisch, wird es keine Abfrage und Form sein, weil der Abfrage und Form Abfrage oder Manipulation von Daten aus der Tabelle.

Die Tabelle sieht aus wie ein Tabellenform; es hat Zeilen und Spalten. Spalte stellt einen bestimmten Datentyp, während Zeilendaten auf ein einzelnes Element darstellt. Die Zeile in der Tabelle genannt in der Regel Rekord.

Pic 2.40 Beispiel der Tabelle, Zeilen und Spalten

2.2.1 Erstellen von Tabellen

In der Tabelle ist der Platz zum Speichern von Daten. Um Daten effizient zu halten, sollten Sie Tabelle effektiv erstellen.

Hier ist, wie eine Tabelle in MS Access zu erstellen:

1. Datenbank öffnen, wenn es keine Tabelle ist, können Sie die sehen **Alle Access Objects** Fenster wird leer.

2,41 Pic Alle Access Objects ist leer, weil es keine Tabelle erstellt wurde

2. Klicken Sie auf Erstellen> Tabelle eine neue Tabelle zu erstellen.

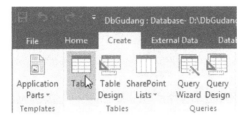

Pic 2.42 Klicken Sie auf Erstellen> Tabelle einen neuen Tab erstellen

3. Eine neue Tabelle mit dem Namen Tabelle1 entstehen, und im All Access Objects Fenstern, erscheint ein Symbol **Tabelle 1**. Aber diese Tabelle noch nicht erstellt.

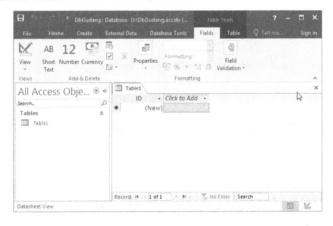

Pic 2.43 Tabelle bereits erstellt, aber noch nicht gespeichert.

4. Klicken Sie STRG + S, um die Tabelle zu speichern. Ein Fenster Speichern unter auftauchen, legen Sie den Tabellennamen.

Pic 2,44 STRG + S und Einfügen Tabelle Namen

5. Eine Tabelle wird erstellt, der Name, den Sie auf das Textfeld auf der vorigen Fenster eingegeben wird der Name der Tabelle sein. Sie können in der Tabelle auf All-Inclusive-Objekte> Tabellen erstellt sehen.

Pic 2.45 Tabellenname bereits sichtbar in allen Access Objects

6. Starten Inhalt Tabelle einfügen, indem Sie zur Entwurfsansicht, indem Sie auf Ansicht> Entwurfsansicht.

Pic 2.46 Klicken Sie auf Ansicht> Entwurfsansicht

7. Wenn Sie die Entwurfsansicht zu öffnen, wird die Standard-Tabelle einen Primärschlüssel mit der Feldnamen-ID hat, und Datentyp Autowert.

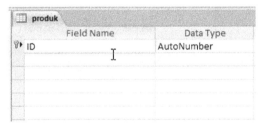

Pic 2,47 Standardfeld

8. Sie können Felder manipulieren, indem er die Identität Einfügen, zum Beispiel für Produkte Tabelle. Wir brauchen barcodeNumber Feld.

Pic 2.48 Einfügen Feld Barcode-Nummer

9. Legen Sie andere Felder wie nötig. Die untere Seite der Benutzeroberfläche auf die Registerkarte Allgemein, die Sie verwenden können, erweiterten Eigenschaften des Feldes angeben.

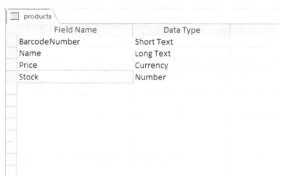

Pic 2.49 Einfügen von zusätzlichen Feldern

10. Eine Tabelle sollte idealerweise Primärschlüssel haben. Der Primärschlüssel ist ein Feld, als Identität verwendet. Sein Wert muss eindeutig sein, doppelte Inhalte ist nicht erlaubt. Um ein Feld als Primärschlüssel der rechten Maustaste auf die Kopfzeile der Zeile zuweisen dann Primary Key-Menü wählen.

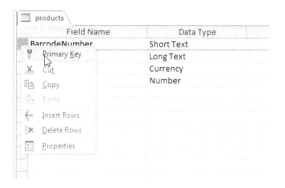

Pic 2.50 Menü Primärschlüssel einfügen

2.2.1.1 Bearbeiten von Tabellenstruktur

Wenn eine Tabelle erstellt, kann die Struktur der Tabelle noch einmal bearbeitet werden. Zum Beispiel das Umbenennen von bestimmten Feldern, Datentyp ändern Felder oder löschen / hinzufügen bestimmte Felder. Hier

1. Zum Beispiel wird das Lager Feld zum Regal umbenannt werden.

Pic 2.51 Anfangstabellenbedingung

2. Rechtsklick auf den Tabellennamen, und klicken Sie auf Entwurfsansicht Menü wechseln Ansicht Typ zum Design.

Pic 2.52 Klicken Sie auf Entwurfsansicht Menü öffnen Entwurfsansicht

3. Nach der Entwurfsansicht erstellt haben, können Sie auf den Feldnamen klicken Sie umbenennen möchten.

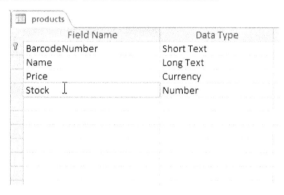

Pic 2.53 Klicken Sie auf den Feldnamen umbenennen

4. Geben Sie den neuen Namen für das Feld. Klicken Sie dann STRG + S, um die Tabelle zu speichern.

Pic 2.54 Speicher, nachdem das Feld Umbenennen

2.2.1.2 Kopieren Tabel

Eine bereits erstellte Tabelle kann eine andere Tabelle mit ähnlichem Inhalt machen kopiert werden. Hier sind Schritte zu tun:

1. Klicken Sie auf das Symbol der Tabelle in All Access Objects Fenster. Dann klicken Sie auf die Home> Kopieren.

Pic 2.55 Klicken Sie auf Start> Schaltfläche Kopieren kopieren

2. Klicken Sie auf Start> Schaltfläche Einfügen Tabellenobjekt Paste kopiert.

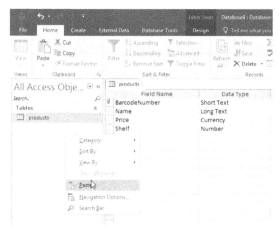

Pic 2.56 Klicken Sie auf Start> Einfügen Tabellenobjekt einfügen

3. Ein Fenster mit dem Titel Tabelle einfügen als entstand, können Sie die Tabelle Kopieroption definieren. Zum Beispiel, ob Sie die Struktur kopieren wollen nur, Struktur und Daten, oder fügen Sie Daten an die vorhandenen Tabelle.

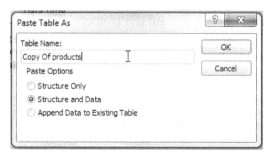

Pic 2.57 Tabelle einfügen als Fenster

4. Sie können der Tabellennamen in Tabelle Textfeld Namen umbenennen. Sie können auch festlegen, ob die Struktur oder die Struktur und Daten hinzugefügt. Klicken Sie auf OK Prozess.

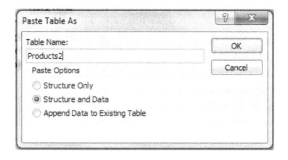

Pic 2.58 Umbenennen Tabelle Namen

5. Die neu kopierte Tabelle wird in All Access Objekte> Tabellen-Fenster zur Verfügung.

Pic 2.59 des Tabellenname erstellt von

6. Wenn die neu erstellte Tabelle geöffnet haben, können Sie die Struktur sehen, und die Daten sind ähnlich der vorherigen Tabelle.

Pic 2.60 neu erstellte Tabelle geöffnet

2.2.1.3 Löschen von Feldern

Die Felder können nicht mehr benötigte gelöscht werden. Hier ist, wie es zu tun:

1. Rechtsklick auf die Kopfzeile des Feldes, das Sie entfernen möchten, klicken Sie dann auf Feld löschen.

Pic 2.61 Löschen Feld Menü ein unbenutztes Feld löschen

2. Das gelöschte Feld wird dauerhaft aus der Datenbank entfernt.

Pic 2.62 Feld wird gelöscht

2.2.1.4 Access-Datentypen

Während der Erstellung einer Tabelle interagierten Sie bereits mit einigen Datentypen. Hier sind Details einiger Datentypen in MS Access:

1. Text: Der am weitesten verbreitete Datentyp verwendet. Dieser Datentyp kann auf alphanumerische Bedürfnisse verwendet werden. Zum Beispiel Namen Adresse, Postleitzahl, Telefonnummer. Microsoft Access kann bis zu 255 Zeichen für diesen Datentyp anzupassen. Es hat zwei Varianten, Kurztext und Langtext.

2. Memo: Dies ist fast ähnlich wie Text, kann aber zu 64.000 Zeichen aufnehmen. Dieser Datentyp wird selten verwendet, da es nicht sortiert oder indiziert werden kann.

3. Nummer: Dieser Datentyp wird verwendet, um den Zahlenwert zu speichern, die auf mathematische Berechnung verwendet. Sie haben nicht diesen Datentyp für eine Telefonnummer zum Beispiel verwenden, da die Telefonnummer nicht gezählt werden muss.

4. Terminzeit: Dieser Datentyp ist für das Speichern von Datum und Uhrzeit, können Sie diesen Datentyp verwenden das Geburtsdatum oder den Kauf Zeit für ein Produkt für die Speicherung.

5. Währung

Diese Funktion ist für Währungswerte zu speichern. Sie können zwar Nummer verwenden, um Geld bis vier Dezimalstellen für das Speichern.

6. Autowert: Dies ist ein langer Ganzzahl-Wert automatisch für jeden Datensatz hinzugefügt, um die Tabelle verwendet. Sie haben noch nichts in diesem Bereich hinzufügen, verwendete in der Regel jeden Autowert Datensatz in einer Tabelle zu identifizieren.

7. Ja / Nein: Das ist zu retten Boolesche Werte Ja oder Nein.

8. OLE-Objekt: Dies wird selten verwendet, OLE-Objekt verwendet, um die Binär-Datei zu speichern, wie Bild- oder Audiodateien.

9. Hyperlink: Dies ist für URLs an eine bestimmte Adresse im Internet zu speichern.

10. Anhang: Sie können diesen Datentyp verwenden, um eine Datei oder sogar einige Dateien in einem einzigen Feld zu speichern. Anbaufeld existiert seit Access 2007. Dieses Feld ist effizienter als das OLE-Objekt-Feld.

Beim Erstellen einer Tabelle, sollten Sie einige Checkliste auf folgende Tabelle Namensgebung gewährleisten:
1. Max Länge des Feldnamens beträgt 64 Zeichen. Obwohl duhaben einen beschreibenden Namen zu geben, stellen Sie sicher, dass es unter 64 Zeichen ist.

2. Feldname darf nicht enthalten (.), Ausrufezeichen (!), Apostroph / Akzent (`) oder eckige Klammern ([]).

3. Keinen Platz in Feld oder Tabellennamen verwenden. Wenn Sie Platz im Feldnamen definieren müssen, verwenden Sie Strich (_) statt.

2.2.2 Löschen Tabelle

Die nicht benötigte Tabelle können die Schritte gelöscht werden mit unter:

1. Schließen Sie die Tabelle zuerst, weil die geöffnete Tabelle nicht entfernt werden kann. Rith klickt auf die Registerkarte der Tabelle ein und klickt auf das Menü verlassen.

Pic 2.63 Schlusstabelle vor dem Löschen

2. Mit Rechtsklick auf einem Tisch im All Access Objektfenster, und klicken Sie auf Löschen.

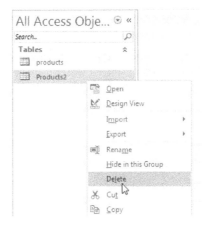

Pic 2.64 Löschen-Menü Tabelle löschen

3. Ein Bestätigungsfenster erscheint, klicken Sie auf Ja.

Pic 2.65 Bestätigung Tabelle löschen

4. Die Tabelle wird von All Access Objects Fenster verschwinden. Dies zeigt, dass die Tabelle bereits entfernt.

2,66 Pic Die Tabelle gelöscht verschwinden von All Access-Fenster Objekte

2.2.3 Einfügen von Daten und Bearbeiten von

Der Tisch ist ein Ort, um Daten zu speichern, nachdem die Tabelle erstellt hat, können Sie Daten und Bearbeiten einfügen. Hier ist ein Tutorial zu tun, dass:

1. Öffnen Sie die Tabelle, die Sie möchten, dass Ihre Daten in einzufügen, klicken Sie auf die linke obere Zelle.

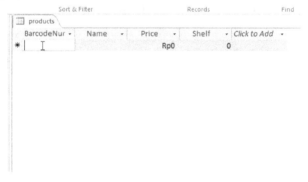

2,67 Pic den Zeiger auf einer oberen linken Zelle in der ersten Zeile Setzen

---

2. Sie können Daten eingeben, indem Sie direkt in der Tabelle eingeben. Für einen bestimmten Bereich, können Sie mit einem anderen Eingangsleser, wie Barcode-Leser eingeben.

Pic 2.68 Einfügen von Daten

3. Um eine neue Zeile / Datensatz hinzufügen. Klicken Sie auf die unterste Zeile, und geben Sie genau wie die vorherigen.

Pic 2.69 Einfügen eines neuen Datensatzes

4. Während der Eingabe können Sie das Stift-Symbol auf der linken Seite sehen. Dieses Symbol bedeutet, die Daten werden derzeit noch hinzufügen.

BarcodeNur ⌄	Name ⌄	Price ⌄	Shelf ⌄	Click to Add ⌄
57185718989	Kit Kat Chocs	Rp4.000	3	
4162578781	AA Battery EveReady	Rp2.000	1	
571857519	Lamp Panasonic 14W	Rp45.000	1	
23187987	Chocolate Bar AA	Rp28.909	3	
		Rp0	0	

Pic 2.70 Bleistift-Symbol zeigt die Daten noch aktuell ist das Hinzufügen

5. Daten in einer Reihe können in eine andere Zeile kopiert werden. Wählen Sie einfach die Zeile auf der linken Position, dann mit der rechten Maustaste und kopieren Menü klicken.

Pic 2.71 Kontextmenü zu tun kopieren

6. Klicken Sie nun auf die Zeile Sie möchten, und klicken Sie auf Einfügen.

Pic 2.72 Fügen Sie das kopierte Objekt aus der Zwischenablage

7. Nach dem Einfügen wird der Text auf den gewählten kopiert werden Reihe.

Pic 2.73 Ausgewählter Text nach kopiert

8. Für einige Gelegenheit, als ein Primärschlüssel nicht Sie identischen Wert nicht läßt in einem Feld haben, können Sie den kopierten Text mit anderem Wert bearbeiten.

Pic 2.74 Bearbeiten von Text, weil der Primärschlüssel Beschränkung

9. So löschen Sie einen Datensatz, der rechten Maustaste auf Aufzeichnung und klicken Sie auf Datensatz löschen Speisekarte.

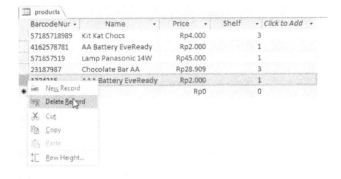

Pic 2.75 Datensatz löschen Menü

10. Das Bestätigungsfenster auftaucht, werden Sie gefragt, ob „Sie sind dabei, einen Datensatz (n) zu löschen". Klicken Sie **Ja** den Datensatz dauerhaft zu entfernen.

Pic 2.76 Bilanz Löschen Bestätigung

11. Der ausgewählte Datensatz wird gelöscht und dauerhaft aus der Tabelle entfernt.

2.2.3.1 Sortieren von Daten

Sortierfunktion in einer Tabelle kann von Vorteil sein. Hier ist, wie Daten zu tun Sortierung in MS Access-Tabelle:

1. Rechtsklick auf dem Feld, dann den Sortiertyp wählen, zum Beispiel, **Sortieren der kleinsten zur größten** um die angezeigten Daten in der Tabelle auf dem kleinsten Wert auf größten Wert.

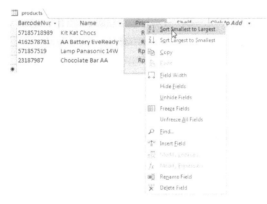

Sortierung Pic 2.78 vom kleinsten zum größten

2. Die Daten werden entsprechend sortiert werden:

Pic 2.79 Die sortierten Daten vom kleinsten zum größten auf dem Feld aus

3. Die Sortierung in einer Tabelle ist nicht nur auf ein Gebiet beschränkt. Sie können auch auf mehreren Feldern zum Beispiel kann das Sortieren nach der SortierungPreisfeld. Sie können das Feld Name von Z bis A sortieren, indem Sie auf das Feld der rechten Maustaste, und klicken Sie auf Sort z a.

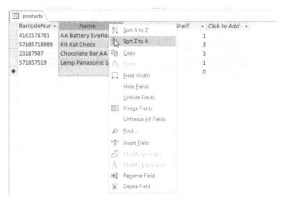

Pic 2,80 Sortierung von Z bis A

4. Die Daten werden zunächst entsprechend im Preis Feld sortiert, dann wird das Feld Name.

Pic 2.81 Sortieren von Daten, basierend auf Preis und Namen

5. Um den Sortier Effekt zu entfernen, klicken Sie auf **Home> entfernen Sortieren** in Sortieren & Filtern Feld.

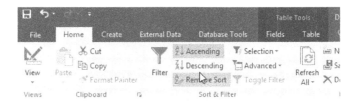

2,82 Pic Art remove auf dem Alphabet Sortierung basiert

6. Nachdem der Sortiereffekt entfernt, wird die Tabelle die Erstbestellung.

Pic 2,83 Daten mit der Erstbestellung

2.2.3.2 Konfigurieren von Zeilenhöhe

Zeilenhöhe kann wie in Excel konfiguriert werden. Hier ist das Tutorial:

1. Wählen Sie die Zeile in der Tabelle und die rechte Maustaste klicken Sie dann auf Zeilenhöhe Menü.

Pic 2,84 Zeilenhöhe

2. Eine Zeilenhöhe Fenster erscheint wie folgt aus:

Pic 2.85 Konfigurieren von Zeilenhöhe

3. Geben Sie die Zeilenhöhe Sie zum Beispiel wollen 20 und klicken Sie auf OK.

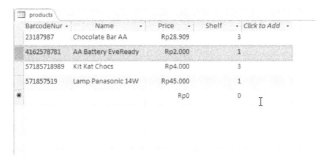

Pic 2,86 Zeilenhöhe nach 20 Pixel

4. In der Anfangsgröße der rechte Maustaste auf Zeilenhöhe und prüft Standardhöhe Textfeld zurückzukehren. Diese Aktion wird die Zeilenhöhe auf 14,25 verändern.

Pic 2.87 Zeilenhöhe zurück

5. Zeilenhöhe wird in den Ausgangszustand zurückgesetzt werden.

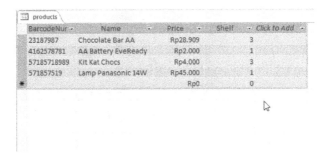

Pic 2.88 Zeilenhöhe wird auf Anfangszustand zurückgesetzt werden

6. Sie können einen Filter auf die Daten durch einen Rechtsklick ausführen dann auf dem Feld auf Werte überprüfen Sie anzeigen möchten.

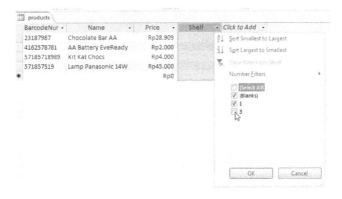

Pic 2.89 Prüfen auf Werte Sie anzeigen möchten

7. Die Daten werden gefiltert und die geprüften Werte werden angezeigt.

8. Um Filterwirkung, überprüfen Sie auf Home> Toggle Filter in Sortieren & Filtern Effekt zu entfernen.

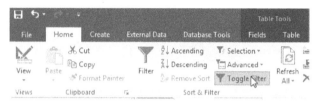

Pic 2,91 prüfen auf Toggle Filter Filterung entfernen

9. Die angezeigten Daten werden zu Ausgangszustand zurück.

Pic 2,92 Alle gezeigten Daten Nachwirkung Filtern entfernt

2.3 Datenabfragen

Daten ohne Analyse ist nur eine Reihe von Zahlen und Texten. Aber wenn Sie die Daten analysieren, können die Daten als Informationen extrahiert werden. In Access, sollten Sie eine Abfrage erstellen, die Daten aus den Tabellen zu analysieren.

2.3.1 Access-Abfragen

Um Daten zu analysieren, müssen Sie Daten aus der Tabelle abzurufen. Das ist, was die Abfrage verwendet für. Die Abfrage wird Extrahieren von Daten aus der Datenquelle (Tabelle) und nur die Daten angezeigt, die die Abfrage erstellt abgestimmt, oder Sie können das Abfrageergebnis sagen.

2.3.2 Wählen Sie Abfrage

Um Daten aus einer Tabelle zu greifen, verwenden Sie eine SELECT-Abfrage. Diese Abfrage wird Daten extrahieren, basierend auf Kriterien zur Verfügung gestellt. Access hat GUI-Feature-Daten leichter abfragen zu machen. Sie können Abfrageentwurf oder Abfrage-Bereich verwenden.

In Abfrage-Entwurf, Komponenten wie Tabellen, Ansichten und visuell dargestellt Spalten, macht dies die Abfrage so einfach wie Puzzle zu arrangieren. Hier ist ein Beispiel dafür, wie eine Abfrage mit GUI in Access zu erstellen:

1. Klicke auf **Erstellen> Abfrage-Entwurf**.

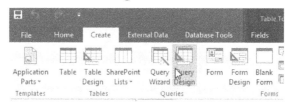

Pic 2.93 Klicken Sie auf Erstellen> Abfrage Design Abfrage Design-Fenster zu öffnen

2. Wählen Sie die Tabelle als Datenquelle in Tabelle anzeigen Fenster.

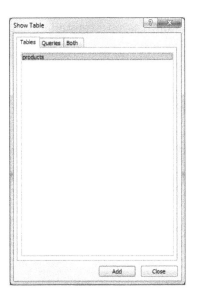

Pic 2,94 Aussuchen Tabelle als Datenquelle

3. Tabellen ausgewählt werden in dem Abfragefenster eingefügt
werden.

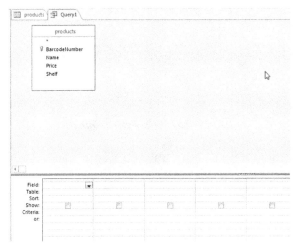

Pic 2.95 Tabellen in der Abfrage-Fenster hinzugefügt

4. Um eine Auswahlabfrage zu erstellen, klicken Sie **Design>
Wählen** auf Abfragetyp.

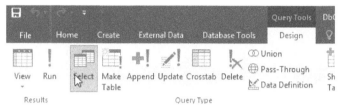

Pic 2.96 Klicken Sie auf Design> Wählen Sie eine SELECT-Abfrage erstellen

5. Wählen Sie Felder, die Sie einfügen möchten.

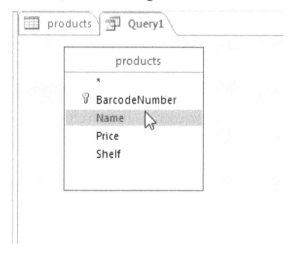

Pic 2,97 Wahl Felder einfügen

6. Felder hinzugefügt am unteren Teil des Abfragefensters
angezeigt.

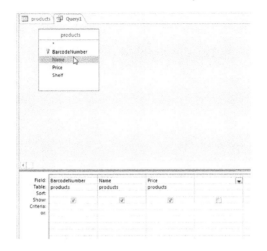

Pic 2.98 Ein Feld hinzugefügt

7. Sie können die Abfrage ausführen, indem ein Klick **Design> Ausführen** (!) Taste.

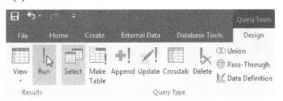

Pic 2.99 Ausführen der Abfrage by Design Klick> Ausführen

8. Die Abfrage werden alle Daten aus der Tabelle zeigen die Abfrage Sie erstellt.

Pic 2,100 Abfrage von Anzeigedaten aus einer Tabelle

9. Um zu sehen, die SQL-Anweisung (Codes hinter der Abfrage) mit der rechten Maustaste auf die Abfrage, und klicken Sie **SQL-Ansicht**Speisekarte. Oder Sie können Ansicht klicken> SQL-Ansicht in Access' Symbolleiste.

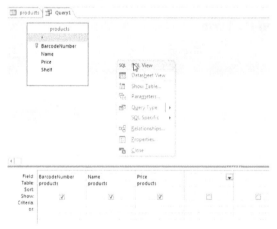

Pic 2.101 Menü SQL-Ansicht zu öffnen

10. Sie können die SQL-SELECT-Anweisung visuell erstellt

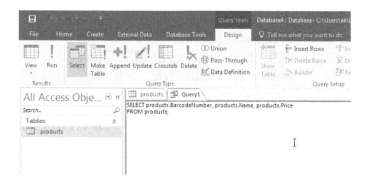

Pic 2.102 SQL-Anweisung Texte

2.3.3 SQL SELECT

Wenn Sie Auswahlabfrage oben zu erstellen, im Grunde, erstellen Sie visuell SELECT SQL-Anweisung. Damit Sie mehr SELECT-Abfrage effizient erstellen, sollten Sie die Bedeutung von SQL SELECT-Anweisung verstehen.

Die SELECT-Anweisung oder SQL-Anweisung SELECT ist die beliebteste SQL-Anweisung. Die SELECT-Anweisung zu erhalten / Extrahieren von Daten aus Tabellen in der Datenbank verwendet.

Sie können entscheiden, welche Teile von Informationen aus einigen Bereichen genommen, aus welchen Tabellen, können Sie auch die Logik der SELECT-Anweisung definieren, indem WHERE-Anweisung. Die Syntax von SQL-SELECT-Anweisung ist wie folgt:

```
SELECT column_list FROM tabellen
[WHERE-Klausel]
[GROUP BY-Klausel]
[HAVING-Klausel]
[ORDER BY-Klausel];
```

Tabellen sind die Namen der Tabellen Sie die Daten extrahieren möchten.

Column_list ist die Felder angezeigt werden soll.

Eine weitere Klausel ist optional.

In SQL SELECT, nur SELECT und FROM sind obligatorisch, andere Klauseln wie WHERE, ORDER BY, GROUP BY, HAVING sind optional.

2.3.4 Sortieren und Verwenden von Kriterien in Select

SELECT-Anweisung kann mit einigen Kriterien klassifiziert werden. Zum Beispiel aufsteigend sortiert nach Name Feld, wenn Sie die Select-Abfrageergebnis wollen, dann können Sie sortieren wählen Sie im Feld Name aufsteigend.

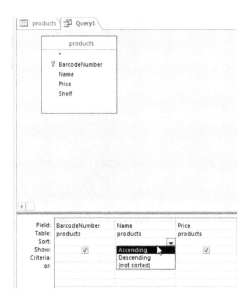

Pic 2.103 Auswahl Sortieren nach Aufsteigend

Wenn die Abfrage ausgeführt wird, werden die Daten sortiert von A bis Z steigend.

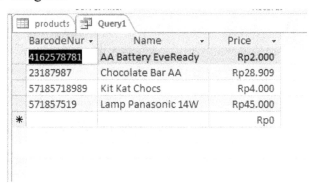

Pic 2.104 Abfrageergebnis aufsteigend sortiert

Sie fügen auch andere Kriterien, die von dem Booleschen Operator zum Beispiel unter Verwendung von UND. Stellen Sie

sich vor, wenn Sie die Daten sortiert werden sollen durch
Feld Name und der Preis oberhalb von 2500 dann mit> 2500
Kriterien.

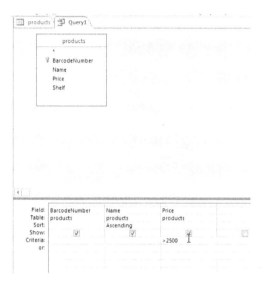

Pic 2.105 Hinzufügen von Kriterien in Feld Preis

Wenn die Abfrage ausgeführt wird, können Sie die Regeln
sehen die Daten von der Abfrage ausgewählt beeinflussen.

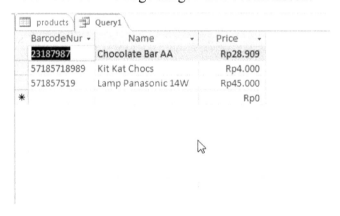

Pic 2.106 Die Kriterien werden die Daten von der Abfrage ausgewählt beeinflussen

Sie können mehr als ein Kriterium machen, zum Beispiel, Preis>
25 und Namen mit g durch Eingabe> „g" auf Kriterien Feldnamen
ein.

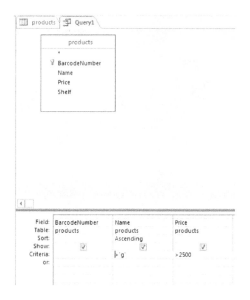

Pic 2.107 Die Verwendung von mehr als einem Kriterium

Wenn Abfrage ausgeführt wird, wirkt sich auf die Regeln, die
die ausgewählten Daten.

Pic 2.108 Abfrageergebnis nach zwei Kriterien umgesetzt

Wenn Sie genaue Daten finden möchten, können Sie Gleichheitszeichen verwenden und die gewünschten Daten eingeben in Zeile Kriterien zu finden.

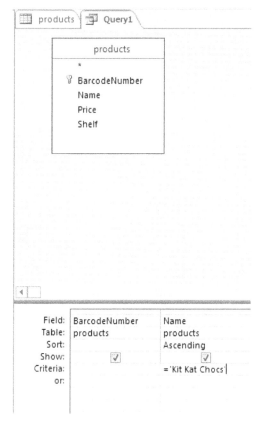

Pic 2,109 Finding genauen Text

Bei Abfrage ausgeführt wird, wird das richtige Ergebnis angezeigt.

Pic 2.110 Exact Ergebnis wird angezeigt

Um die Abfrage zu speichern, klicken Sie auf STRG + S auf der Tastatur, geben Sie den Namen der Abfrage.

Pic 2.111 Eingabe Namen für die Abfrage

In All Access Objects-Fenster können Sie die neue Abfrage bereits gespeichert sehen.

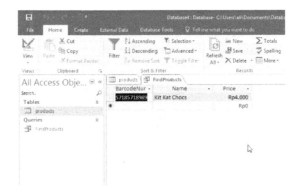

2.112 Pic Alle Access-Objekte neue Abfrage angezeigt werden ausgewählt

2.3.5 Abfrage-Operatoren

Die Abfrage kann mehr Kriterien mit Hilfe von Operatoren verwenden. Die Betreiber erleichtern auf Kriterien boolean Wert kombiniert. Hier sind einige Operatoren in Abfrage verwendet werden:

1. Arithmetische Operatoren: Der Zugriff kann arithmetische Operatoren wie =, +, -, *, /,>, <.

2. Oder: Dieser Operator wird Wahr zurück, wenn mindestens eines der Kriterien wahr ist.

3. Zwischen: testet Dieser Operator einen bestimmten Bereich, beispielsweise testen, ob Daten zwischen dem Wert A und Wert B oder nicht?

4. Wie: Dieser Operator wird String-Ausdruck testen, ob diese Zeichenfolge mit einem bestimmten Muster passen oder nicht. Zum Beispiel können Sie Datensatz mit Namen filternähnlich wie bestimmten Text.

5. Im: Ähnlich OR, zu bewerten alle Datensätze nach Wert im Argument. Diese Syntax ist sehr wichtig, wenn Sie viele Kriterien zu bewerten.

6. Nicht: Dies ist der Kehrwert der in, werden nicht alle Datensätze filtern, die auf alle Argumente in () komplementär ist.

7. Ist Null: IS NULL wird alle Datensätze in der Datenbank auswählen, die einen Nullwert hat.

**

ÜBER DEN AUTOR

    Ali Akbar ist ein IT-Autor, der mehr als zehn Jahre Erfahrung in der Architektur hat und hat es sich mit mehr als 15 Jahren. Er hat sich auf Design-Projekten arbeitete im Bereich von Kaufhaus zu Transportsystemen für das Projekt Semarang. Er ist der Allzeitmeistverkauften IT Autor und als Favorit Autor zitiert. Zico P. Putra ist ein Senior Engineering Techniker, IT-Berater, Autor, Trainer und mit zehn Jahren Erfahrung in verschiedenen Designbereichen. Er setzt seinen Ph.D. in der Queen Mary University of London. Erfahren Sie mehr auf https://www.amazon.com/dp/1521133646

KANN ICH UM EINEN GEFALLEN BITTEN?

Wenn Sie dieses Buch gefallen hat, fand es nützlich oder sonst würde ich es begrüßen, wenn Sie einen kurzen Überblick über Amazon veröffentlichen würde. Ich lese persönlich alle Bewertungen, so dass ich immer schreiben kann, was die Leute wollen.

Wenn Sie einen Kommentar abgeben möchten, dann besuchen Sie bitte den folgenden Link:

https://www.amazon.com/dp/B0722FJ59B

Danke für deine Unterstützung!

www.ingramcontent.com/pod-product-compliance
Lightning Source LLC
Chambersburg PA
CBHW071245050326
40690CB00011B/2271